本书系作者在对外经济贸易大学博士后研究工作的主要研究成果，感谢对外经济贸易大学学术著作出版基金、国家社会科学基金重点项目（13AZD002）与大信审计教育研究基金对本研究的资助

定向增发定价及经济后果研究

Researchon pricing and economic consequences of Private Placement

王莉婕 著

中国财经出版传媒集团

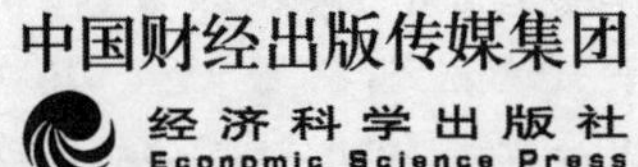

经济科学出版社
Economic Science Press

图书在版编目（CIP）数据

定向增发定价及经济后果研究/王莉婕著．—北京：
经济科学出版社，2017.2
ISBN 978-7-5141-7796-1

Ⅰ.①定… Ⅱ.①王… Ⅲ.①上市公司-融资-
研究-中国 Ⅳ.①F279.246

中国版本图书馆 CIP 数据核字（2017）第 040054 号

责任编辑：庞丽佳
责任校对：隗立娜
责任印制：邱 天

定向增发定价及经济后果研究
王莉婕 著
经济科学出版社出版、发行 新华书店经销
社址：北京市海淀区阜成路甲 28 号 邮编：100142
总编部电话：010-88191217 发行部电话：010-88191522
网址：www.esp.com.cn
电子邮件：esp@esp.com.cn
天猫网店：经济科学出版社旗舰店
网址：http://jjkxcbs.tmall.com
固安华明印业有限公司印装
710×1000 16 开 7.25 印张 200000 字
2017 年 10 月第 1 版 2017 年 10 月第 1 次印刷
ISBN 978-7-5141-7796-1 定价：30.00 元
（图书出现印装问题，本社负责调换。电话：010-88191510）

前　言

定向增发作为我国资本市场股权再融资的一种方式，在股权分置改革之前，受政策及制度的束缚，并未在我国上市公司股权再融资领域占有一席之地。2006 年资本市场再融资功能重新开启，定向增发以法律的形式确定出来。定向增发伴随股权分置改革开始兴起，并在后股权分置时代日渐成熟。股权分置改革成功实施后，定向增发为上市公司所青睐，迅速成为我国资本市场股权再融资的主要途径。

定向增发一经推出便得到资本市场的认可与其出现时机有着密不可分的关系，我国大力推行股权分置改革目的就在于通过解决非流通股的流通受限性，降低非流通股股东通过利益输送、关联交易的方式对上市公司进行利益侵占，减少大小股东利益冲突，增强对管理层的监督。股权分置改革的推行，为定向增发的顺利实施提供了绝佳的条件；其次，定向增发具有其他融资方式无法比拟的优势，严格锁定期的制度约束，成为一个缓冲池，给二级市场减缓了压力；而且大股东以优质资产注入形式参与定向增发，可以给上市公司带来新的活力，可以最大限度上避免重复投资，提高资产使用效率；定向增发还是一种绝佳的引入战略投资者的方式，可以提升企业的核心竞争力，改善公司的治理环境，增强外部投资者的投资信心。整体而言，定向增发这一新型股权再融资方式的推出对于我国资本市场的发展与完善具有积极的意义。

从 2006～2013 年资本市场经历了从牛市到熊市的大起大落，为研究提供了不可多得的契机。如果说在 2006 年、2007 年资本市场投资者情绪高涨的情况下，上市公司可以很轻易通过定向增发获取增发收益，但在金融危机及后金融危机时代，定向增发仍然是上市公司股权再融资的首选，而且在股市低迷期以至于 IPO 停发期仍旧能获得认购收益，说明定向增发的确具备独特的优势。增发现象纷繁复杂，认真研究上市公司选择定向增发作为股权再融资主要方式的原因、动机与目的有很强的现实意义。

综观当前的整个资本市场，在形式多样、令人眼花缭乱的定向增发现象背后是否真的能与监管部门的初衷一致，可以使大小股东的目标利益趋同，实现上市公司及资本市场的可持续发展是值得深入探讨的课题。定向增发中最具争议的问题是：(1) 定向增发定价的合理公平性，因为，定向增发定价将直接关系到增发方案，决定公司利益如何在获得增发权的股东和无法参与定向增发的原有股东之间的重新分配；(2) 定向增发后的长短期市场反应及实施定向增发公司的长期业绩表现，具体来说就是在定向增发公告日前后的长短期市场反应，即市场对上市公司定向增发的接受程度，定向增发是利好还是利空消息；对于实施定向增发的上市公司而言，定向增发对公司长期业绩的作用如何，受到哪些因素的影响与制约。归根结底不论定向增发定价如何繁杂，长期而言成功的定向增发行为总会被资本市场所证明，同样动机不纯的增发行为也定会为市场所识别。

本书从定向增发制度背景开始梳理定向增发在我国的发展脉络；从定向增发中大股东、机构投资者及中小股东利益均衡视角出发，分析在利益相关者共同作用下的定向增发定价机制，并在此基础上找出影响定价选择的核心因素，以揭示定价机制的公平性，为监管层进一步规范增发定价提供理论支持；基于代理理论和信息不对称理论分析大股东和机构投资者在定向增发中的不同作用，解释二者对上市公司定向增发经济后果的影响，以发现受市场欢迎的成功的定向增发模式，使定价向增发经济后果的研究视角更为全面。

为了使研究脉络更清晰，在实证研究部分将样本范围缩小细分，只保留了大股东和机构投资者这两类认购对象，并排列组合将其划分为三种类型。低价发行既是机构投资者、大股东监督或者合谋行为的补偿，也可以是大股东支持或者侵占的证据，同时根据风险补偿理论又可以被视为未来风险收益的补偿。而定向增发中大股东或机构投资者在定价环节获取折价收益只是增发收益的一小部分，仅研究定向增发的起点——折扣率，不探究定向增发后的短期宣告效应、长期业绩、长期收益率与认购对象及折扣率的关联，研究结论会略显单薄。因此，本书从定向增发认购者视角出发，对大股东、机构投资者在定向增发中的监督与合谋效应，大股东对上市公司的支持与侵占作用分别进行分析，使研究过程更完整。

不论是定价影响因素研究，还是短期宣告效应与长期收益率相关关系的研究以及长期业绩表现研究，本书始终围绕机构投资者、大股东与管理层的监督与共谋，大股东的支持与侵占效应展开论证，从折扣率、折扣率与长期收益率、长期绩效的关系等方面探究定向增发中大股东是否具有支持和侵占效应，机构投资者、大股东是否具有监督合谋效应，且得到了较为显著的结论。丰富了定向增发发行对象研究，从代理理论和信息不对称角度解释定价及市场反应，便于监管机构更好的监督约束大股东在定向增发中的行为，引导机构投资者发挥积极的监督作用，以更好地保护中小投资者利益，规范上市公司定向增发的实施。

王莉婕

2017年6月

目　　录

第 1 章

导 论

1.1 选题背景

定向增发是指“上市公司采用非公开的形式，向特定对象发行股票募集资金的融资行为”。[①] 通过定向增发募集资金并非始自 2006 年，而是伴随着我国资本市场的发展而发展而亦步亦趋的逐渐成长着，但因为制度缺陷，在股权分置改革之前，只是零星的散见于资本市场，并没有成为我国上市公司股权再融资的主流方式。转机出现于 2006 年，这一年资本市场再融资功能重新开启，证监会颁布了《上市公司证券发行条例》，首次对定向增发的范畴、实施条件及具体细则做出了详尽的规定，至此定向增发终于以法律的形式确定下来。2007 年深交所和上交所也相继出台了非公开发行股票业务指引，至此，基本完成了定向增发所需的制度构建。政策出台当年通过定向增发募集的资金多达 936.6 亿元，次年就迅速上升至 2634.49 亿元[②]，几乎占据了 2006 ~ 2007 年整个资本市场股权再融资额的九成以上。此后一路攀升，于 2011 年达到顶峰，募集资金高达 3529.69 亿元。即使之后的两年 IPO 停发的背景下，定向增发依然保持强劲的态势，始终是股权再融资的主力军，截至 2013 年 12 月上市公司通过定向增发累计募集资金 21395.61 亿元。

从以上制度建设的沿革可以看出，股权分置改革为定向增发的顺利实施奠定了良好的制度基础，扫清了障碍；而定向增发又为股权分置的推行保驾护航。一经推出，就迅速超越其他的再融资方式，成为资本市场股权再融资领域的主流。定向增发这一新型股权再融资方式的推出对于我国资本市场的发展与完善具有积极的意义。

---

① 参见 2006 年中国证监会颁布并实施的《上市公司证券发行管理办法》。

② 数据来源：Wind 金融数据库、中国上市公司资讯网。

虽然 A 股 IPO 暂停，但机构投资者对定向增发的热情并没有丝毫的减弱。自 2012 年 11 月后短短 5 个月的时间里，已有 133 家上市公司实施定向增发方案。定向增发受到各路资金的争相追捧，其欢迎程度可见一斑。从 2006 ~ 2013 年资本市场经历了从牛市到熊市的大起大落，为本书的研究提供了不可多得的契机。如果说在 2006 年、2007 年资本市场投资者情绪高涨的情况下，上市公司可以很轻易通过定向增发获取增发收益，但在金融危机及后金融危机时代，仍然为上市公司，公募、私募、PE 等各路资金机构所青睐，而且在股市低迷期以至于 IPO 停发期仍旧能获得认购收益，说明定向增发的确具有其无可比拟的优势。

定向增发一经推出便得到市场的认可与其出现时机有着密不可分的作用关系，在股权分置时代非流通股东与流通股股东目标利益不仅不一致，还背道而驰，大股东以关联交易进行利益输送，侵占上市公司利益的现象层出不穷。另外，国企上市之初所遗留的分拆上市祸根，导致上市公司成为集团公司的利益输送器，关联交易频繁，上市公司苦不堪言，不论是集团公司还是政府都希望实现整体上市彻底摆脱当初分拆上市的桎梏。而定向增发的资产注入方式，成为集团公司实现整体上市的不二选择。

其次，定向增发具有其他融资方式无法比拟的优势，严格的锁定期的制度约束，成为一个缓冲池，给二级市场减缓了压力；而且大股东以优质资产注入形式参与定向增发，可以给上市公司带来新的活力，可以最大程度上避免重复投资，提高资产使用效率；定向增发还是一种绝佳的引入战略投资者的方式，可以提升企业的核心竞争力，改善公司的治理环境。

整体而言，定向增发这一新型的股权再融资方式的推出对于我国资本市场的发展与完善具有积极的意义。然而，综观当前的整个资本市场，在形式多样、令人眼花缭乱的定向增发现象的背后是否真如监管机构的初衷一致，可以使大小股东的目标利益趋同，实现上市公司及资本市场的可持续发展。定向增发中最具争议的问题：首先是定向增发定价的合理公平性。因为，定向增发定价将直接关系到增发方案，决定上市公司在此次增发中的利益分配格局，即增发利益如何在获得增发权的参与者与未能参与认购的原股东之间的重新分配。其次就是定向增发后上市公司的市场表现，具体而言指定向增发公告日前后的长短期市场反应，市场对上市公司定向增发的接受程度，定向增发是利好还是利空消息；就增发公司而言，定向增发对上市公司长期经营绩效是否起到了促进作用。本书从定向增发的定价与经济后果两个方面展开论述，希望可以辅助监管层和中小投资者解读定向增发背后的经济内涵，尤其是定向增发的定价机制所体现的股东利益取向，上市公司实施定向增发后所产生的经济后果。

1.2 研究意义

1.2.1 理论意义

在股权分置时期，因大股东与中小股东目标利益迥异，大股东对上市公司的利益侵占问题是研究的焦点，但股权分置改革之后，大小股东的目标利益日渐趋同，共同关注上市公司的长远发展和市场表现。当上市公司面对绝佳的投资机会、广阔的市场前景急需资金时，希望通过注入优质资产实现整体上市，定向增发其因得天独厚的优势成为上市公司的股权再融资首选。因此大股东在定向增发中的作用不能用股权分置时代的利益侵占一概而论，因定向增发对大股东认购股份锁定期的限制，大股东认购本身亦存在较大的流动性风险，因此需要进一步细分发行对象、发行动机、发行规模对纷繁复杂的定向增发进行研究，解读定价背后所隐含的相关利益主体在增发中的支持或侵占行为。已有文献对认购对象的分类较为笼统，大体分为控股股东认购和非关联股东认购（何丽梅，2010）、大股东认购和大股东不参与认购（张鸣，郭思永，2009；徐寿福，2009）等分类方法，来研究认购对象不同时对定向增发定价的影响。为更充分展现定向增发主要的相关利益主体在增发行为中的作用，本书的研究内容之一在于将主要的认购对象机构投资者明确纳入研究范畴以完善投资者类别，并将认购对象进一步细分为大股东及大股东关联方认购（以下简称大股东认购）、机构投资者认购、大股东和机构投资者同时参与认购，从利益均衡角度分析定向增发再融资活动中的相关利益主体行为。分类分析在不同的利益取向中大股东、机构投资者及中小股东的利益均衡的过程，探讨从机构投资者参与定向增发过程与大股东形成的监督或共谋关系的研究，可以更加清楚地体现大股东的认购动机，上市公司定向增发的意图以及增发后的长短期经济后果，丰富了定向增发中发行对象的研究，便于从理论层面上更为清晰地分类解释定向增发中的各种市场反应，及其背后深层次大股东的侵占与支持行为，大股东与机构投资者的合谋、制衡关系，从而较为客观地反映出我国上市公司定向增发定价形成的全貌。

已有文献提出众多控股股东获取利益的途径，拉·波尔塔（LaPorta，2000）指出控股股东可以通过偷取利润、关联交易、贱卖公司资产等手段获得控制权私利。而且股权分置改革以后，在定向增发融资市场上又出现了新的获利途径——定价手段即股份增发定价和注入资产交易定价。国内外已有研究基于代理理论、信息不对称等方面对非公开发行中的折价现象进行剖析。其中信息不对称理论在上市公司定向增发行为中体现为监督成本假说和信息搜寻成本假说，管理者机会主义体现为管理层防御假说，赫茨尔和史密斯（Hertzel and Smith，1993）的研究还指出信息不对称对定向增发的解释要优于利益协同效应的解释。信息确认成本补偿效应无法解释大股东的低价，但与监督补偿成本（Wruck，1989）是否一致，折价发行后的短期市场反应如何，事件日前的内幕交易程度、短期公告效应又对上市公司的长期收益会产生怎样的影响还很少有较为系统的研究。由于定价中大股东影响力有限，定价必须以市场为基础、以投资者为依托，因此以操纵为目的的定价更加复杂而隐蔽。2006 年以来证监会先后出台了许多配套制度来规范定向增发行为，其核心问题是规范定价，在《上市公司证券发行管理办法》中明确规定“定向增发的发行价格不低于定价基准日前二十个交易日公司股票均价的 90%”。不低于均价 90% 的比例是确定的，但定价基准日的选择上却有些任意性，不同的上市公司定价基准日的选择也不同，显然这一规定过于模糊，给实施定向增发公司留出了一定的操控定价空间，会造成定向增发定价机制的天然“失衡”，进而影响中小股东的利益。然而折价收益是大股东增发收益中无法割舍的一部分，对定价机制及其低价认购的分析可以很好地揭示大股东对中小股东的支持、侵占程度及其发行动机。国内已有的研究大都集中于折价因素分析、短期市场反应及收益研究，较少从长期考察短期公告效应与长期收益的关系、折价率与长期绩效的相关性以探究定向增发后上市公司的长期表现。本书通过对定向增发的折扣率、短期公告效应与长期市场反应、增发后的长期绩效分析，研究大股东及机构投资者参与认购对实施定向增发的上市公司是否存在监督或合谋作用，对上市公司的经营业绩是否存在支持或侵占效应；而折扣率作为定价的关键环节，是否是大股东利益侵占的手段，当分享到增发利益后监督动力会有所减弱。

1.2.2 现实研究意义

综上分析，本书围绕定向增发定价及经济后果这两大研究主线，用 2006 年以来成功实施定向增发的全样本数据，对上市公司定向增发行为进行深入剖析，其研究意义如下：从定向增发中大股东、机构投资者及中小股本利益均衡视角出发，分析在利益相关者共同作用下的定向增发定价机制，并在此基础上找出影响定价选择的核心因素，以揭示定价机制的公平性，为监管层进一步规范增发定价提供理论支持；基于代理理论和信息不对称理论分析大股东和机构投资者在定向增发中的不同作用，解释二者对上市公司定向增发经济后果的影响，以发现最受市场欢迎的成功的定向增发模式，使定向增发经济后果的研究视角更为全面；通过对上市公司定向增发后的短期公告效应、长期市场反应及二者相关关系的研究，找出定向增发市场反应背后的关键影响因素；最后，通过研究定向增发后上市公司的长期经营绩效，并分别比较大股东、机构投资者参与认购时长期业绩指标的差异，以找出认购对象、认购方式等对长期经营绩效的影响，以使定向增发能更好的改善公司治理结构、提高增发后长期业绩、规范监管部门的监管制度，加大监管力度等提供理论与实证依据。

1.3 研究思路

为使论证充分，推理严密，本书采用理论分析与实证分析相结合的研究方法。全书共分为四个主要部分：(1) 定向增发制度背景和分类。(2) 从大股东、机构投资者及中小股东利益均衡视角，分析三者共同作用下的定向增发定价机制。从“股东利益均衡”的视角，探讨定向增发过程中发行价格的确定机制即增发折价问题，并分析影响增发定价的核心因素。(3) 从增发折扣率、认购对象、认购方式等因素对定向增发后的短期市场反应、长期收益、长期绩效的影响分析，探究在定向增发中，大股东是否具有侵占支持效应，机构投资者参与认购是否存在监督合谋效应。(4) 定向增发的经济后果研究，具体分为定向增发对长短期收益与长期业绩的影响。

1.4 研究的主要内容与框架

本书从股东权益均衡视角研究定向增发的定价选择，从认购对象角度分别研究大股东、机构投资者对长短期收益率及长期绩效的影响，希望能从定向增发的定价、增发后长短期市场反应、财务绩效方面发现大股东、机构投资者在定向增发过程中的监督合谋、支持侵占作用。研究框架如图1-1所示。

本书共分为7章。第一部分是研究背景、研究框架与思路、贡献（包含第1、2、3章）。第1章介绍了选题背景、研究动机、研究框架与贡献。第2章主要对当前国内外文献中对定向增发研究进行归纳，发现现有研究基于代理理论和信息不对称理论解释了定向增发的低价发行、长短期市场反应（即财富效应）以及财务效应。定向增发中大股东或机构投资者在定价环节获取折价收益只是增发收益的一小部分，仅研究定向增发的起点——折扣率，不探究折扣率、不同的认购对象即（大股东或机构投资者）与定向增发后的经济后果的关联，研究结论会略显单薄，因此纵向上应从定向增发认购者视角出发，对大股东、机构投资者在定向增发中的监督与合谋作用，大股东对上市公司的支持与侵占作用分别进行分析，使研究视角更全面。第 3 章梳理了定向增发在我国的发展脉络，分别论述了我国资本市场再融资的历史沿革、定向增发兴起的成因，对定向增发政策及分类进行简要分析，并大致描述了我国上市公司定向增发推行八年来的定向增发定价的基本现状以及对其分类进行了分析和描述，以发行对象、行业分布为标准对定向增发定价情形进行分类描述；从发行对象和发行条件、认购方式、定价制度、锁定期限制等方面对定向增发的相关政策规定进行描述。

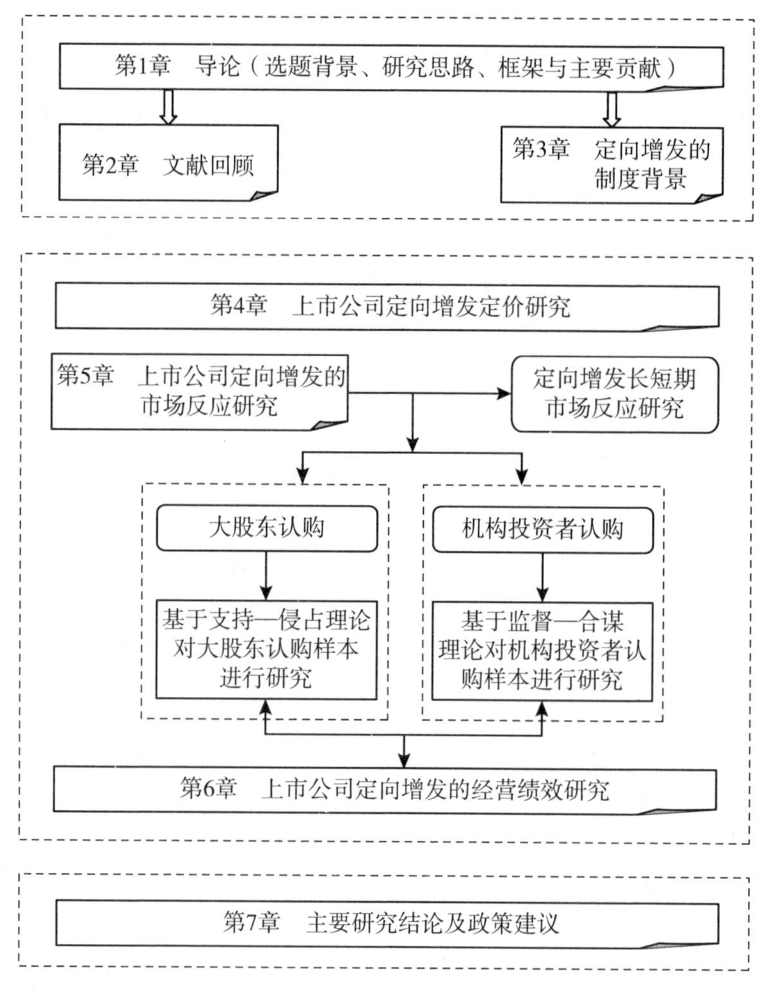

图 1-1　研究框架

第三部分包括第 4 章至第 6 章，是文章的主体部分，包括基于股东利益均衡视角分析定向增发定价策略以及定向增发的经济后果。主要实现以下几个目的：(1) 基于股东利益均衡视角，研究定向增发定价中大股东对定价的影响程度，以及通过定价时机、定价策略的选择对中小股东造成的间接利益侵占。(2) 定向增发事件短期市场反应以及长期收益是否具有持续性。这部分的行文安排如下：第4章从股东利益均衡视角出发研究定向增发定价偏好问题。从定向增发中大股东、机构投资者及中小股资利益均衡数理分析角度探讨三者共同作用下的定向增发定价中大股东获得增发收益的条件。定向增发定价的实质是原股东与参与增发股东的利益分配问题。但归根到底还是在大股东主导下依据双方的实力制定出利于双方的发行价，因双方目标利益不同，在均衡过程中会有一定程度的折中。第5章研究定向增发的经济后果之一：市场反应。运用事件研究法分析定向增发的长短期市场反应，研究定向增发的预案公告前后、增发公告前后的短期宣告效应、长期市场反应以及短期市场反应与长期收益的相关关系。分别验证了长期收益率与认购对象、折扣率的相关关系以探究大股东与机构投资者在定向增发中的支持侵占、监督合谋效应。第6章研究定向增发的经济后果之二：财务效应。对定向增发后上市公司长期业绩的影响进行实证分析，检验公司长期业绩与公司定向增发前大股东持股比例、认购比例、机构投资者认购比例、注入资产类型、定向增发前上市公司的资产负债率、成长性等指标的相关性，并结合实际剖析这些关联的现实意义。为增强研究结论的精准性，在部分实证设计中进一步将样本按认购对象缩减定位至大股东认购、机构投资者认购以及两者同时认购这三种类型，以充分揭示认购对象不同对增发定价及长短期收益和长期绩效的影响。同时在研究过程中又将精简后的研究样本按注入资产类型细分为现金认购样本和资产认购样本，以便从大股东或机构投资者监督或合谋、支持或侵占等行为角度研究不同认购对象对定向增发长期经济后果的影响。

第四部分，得出研究结论，提出政策建议，总结创新点、研究局限和未来可能的研究方向。

总而言之，从2006年起我国资本市场经历了从牛市到熊市的大幅震荡，但定向增发以其不可比拟的优势，从出现之日起就始终是上市公司最为青睐的股权再融资方式，是资本市场制度日益健全的必然结果，同时定向增发的出现对资本市场的健康发展也发挥着极大的促进作用。定向增发作为一种新的股权再融资方式在我国出现较晚，仍有诸多亟待规范之处。从已有的文献来看，定向增发定价及短期市场反应研究虽多，但是限于样本量的局限，从股东权益均衡视角分析增发定价，并将认购对象进一步缩小细分为大股东认购、机构投资者认购以及两者同时参与认购这三种类型，研究认购对象不同时对定向增发长短期收益及长期绩效影响的文献却比较少。本书采用细分后的样本研究预案公告前后、增发公告后的宣告效应以及短期宣告效应与长期收益率的关系，以探究不同认购对象对定向增发的公告效应、长期业绩的影响；从折扣率、大股东认购、机构投资者认购与长期收益率的相关关系的实证分析中，研究大股东、机构投资者认购行为对定向增发公司的监督合谋、支持侵占效应。

1.5 研究的创新与特色

本书的主要创新与学术贡献如下：

（1）从定向增发中大股东、机构投资者及中小股东利益均衡视角出发，分析在利益相关者共同作用下的定向增发定价机制，并在此基础上找出影响定价选择的核心因素。低价发行既是机构投资者、大股东监督或者合谋行为的补偿，也可以是大股东支持或者侵占的证据。而定向增发中大股东或机构投资者在定价环节获取折价收益只是增发收益的一小部分，仅研究定向增发的起点——折扣率，不探究定向增发后的短期宣告效应、长期业绩、长期收益率与认购对象及折扣率的关联，研究结论会略显单薄。因此，纵向上应从定向增发认购者视角出发，对大股东、机构投资者在定向增发中的监督与合谋效应，大股东对上市公司的支持与侵占作用分别进行分析，使研究过程更完整。

（2）早前对于定向增发经济后果的研究中，限于研究年限和样本量的束缚，鲜有对其长期收益和长期绩效进行研究，即使在已有文献里为数不多的针对定向增发长期市场表现的研究中，对定向增发的认购对象，认购方式的分类也较为笼统，无法识别出大股东和机构投资者在定向增发中的作用。为保证研究样本的纯净度，以便清晰准确地揭示大股东与机构投资者在定向增发中的不同作用及由此引致的一系列的长短期经济后果，本书研究中在定向增发认购对象选择上剔除了大股东和机构投资者之外的认购对象，并将认购对象进一步细分为大股东认购、机构投资者认购以及两者同时参与认购这三种类型，按照不同的认购对象和认购方式将样本分组对比研究认购对象不同时对增发短期市场反应的影响，运用购买持有超额收益方法检验定向增发的长期市场表现，可以较为清淅的看出大股东、机构投资者认购对上市公司长短期市场反应的影响，丰富了中国资本市场公司股权再融资领域的研究成果。

（3）采用多种长期绩效指标研究不同的认购对象对长期业绩的影响，反映定向增发后的长期业绩与定向增发前大股东持股比例、大股东认购比例、机构投资者认购比例、发行规模、发行前资产负债率、公司成长性的相关关系。理论上进一步丰富定向增发研究的文献积累，实践上可以明确定向增发长期绩效与增发制度、定价机制、公司治理结构之间的关系，为完善定向增发审核机制、加大监管力度、规范监管规则、提高上市公司经营业绩并促使集团企业以定向增发方式实现整体上市提供理论和经验证据。

1.6 研究过程中遇到的困难以及解决的措施

第一，定向增发中部分样本既现金认购又选择资产认购，本书为对该类样本进行研究，主要在于现金认购和资产认购的预案公告日相同，而发行公告日不同。一般而言，现金认购的公告日在资产认购之前。但是两个不同的公告日期，有些股票的两个公告日期相差 2 个月，这样无法确定适用哪一个公告日来计算其长期收益率和长期超额收益率。

第二，定向增发中以现金认购的外部投资者除机构投资者之外，还包括个人投资者以及一些非金融结构的公司。本书未将后两种单独列示，统一将其视为外部投资者进行分类研究。

第三，由于本书的研究时间跨度长达八年，定向增发情况也较复杂，有的公司预案公告后，除周末及法定节日外，由于各种原因长时间停牌，事件研究中计算内幕交易和公告效应时为保证样本的完整性，找预案公告、增发公告后的第一天开盘日用了穷尽的方法，发现有些公司从预案公告日至公告后开盘的时间间隔较长，可能会影响公告效应，但此部分公司数量不大，不会影响结论的准确性。

第四，从预案公告发布至正式发行，短则一月，长则一年之久，时间间隔长，但这也能从侧面佐证了证监会应尽量缩短审批期，以尽可能降低内幕交易发生的可能性。

1.7 研究方法

本书主要研究方法包括事件研究方法和回归分析方法。事件研究方法主要用以计算预案公告日及增发公告日前后的超额收益率 CAR，增发后的长期收益率采用 BHAR 计算，持有期收益率采用 BHR 计算。回归分析方法主要采用多元回归模型。在统计软件上，选择 STATA，Eviews 和 Excel 软件对样本进行分析。

第 2 章

文献回顾

我国定向增发的概念界定与国外的私募发行相似，国外对私募发行的研究起步较早，且积累了海量的研究成果。而我国推行定行增发的时间较晚，国外学者有关定向增发新股的研究将中国排除在外。2006 年 5 月《上市公司证券发行管理办法》（以下简称《办法》）正式颁布，定向增发的范畴、申请条件等首次得到了正式的界定，在《办法》颁布当年以定向增发方式募集的资金就迅速达到了 936.6 亿。定向增发以其无可比拟的优势受到了理论界与实务界的广泛关注，结合我国资本市场环境对定向增发进行研究的文献也如雨后春笋般增长。

综观国内外文献，大都从代理理论和信息不对称视角出发对定向增发的定价机制及经济后果进行理论分析，用监控假说、防御假说、大股东机会主义、信息不对称假说、风险补偿等理论对定向增发中的低价发行现象进行理论解释；用监控假说、信息不对称假说、品质证明假说、流动性假说等理论解释定向增发的长短期市场反应即财富效应（包括短期宣告效应和长期市场表现）。同时又从定向增发认购者角度，对机构投资者在定向增发中的监督与合谋作用，大股东对上市公司的支持与侵占作用分别进行分析，使研究视角更有针对性。

2.1 定向增发定价文献回顾

我国的定向增发类似于国外的私募发行，西方学者对非公开发行问题的研究始于弗鲁克（Wruck，1989），该研究首次发现非公开发行存在一个显著为正的公告效应，此后许多学者用不同的市场数所检验了这一现象，同时又在新加坡、日本、韩国资本市场非公开发行的市场反应中发现了与此大相径庭的结论。陈信元等（2007）对比了我国与美国的定向增发折扣率，发现我国的折价水平总体要偏高，说明不同的制度约束可能会影响定向增发的折价。可见，资本市场环境，制度背景不同，增发定价、公告效应强弱及其影响因素又会存在较大地差异。因此对定向增发定价及市场反应的研究必须置于具体的资本市场环境下才有意义。

西方关于私募发行的研究由来已久，我国对于非公开发行的研究起步较晚，但随着2006年定向增发的推行，理论界对其关注度持续升温，也积累了大量的研究成果。定向增发日益成为上市公司股权再融资的首选，定向增发如此盛行，而定向增发定价又成为国内外学者研究的热点，纷繁复杂的定价现象背后必有其深层次的原因，本书对已有的文献做了以下归纳。

监控假说理论。流动性限制可以部分解释对非公开发行的高折价，但对于无限售期约束的国家仍存在较高的非公开发行折价现象则无力给出答案。因此学者们从其他角度对折价现象进行解读。詹森和麦克林（Jensen and Meckling，1976）认为外部股东的引入增强了对管理层的约束与监督。弗鲁克（Wruck，1989）认为私募发行后，控股股东的所有权会增加，与公司的利益目标更加一致，对管理层有效监督的动力会更强，而且通过私募发行将有监督能力和愿望的积极投资者引入公司，加强了外部监督的力度，减少代理成本。但参与认购的投资者对公司管理层的监督行为需要耗费大量的成本，因此增发折扣是事先对机构投资者监督成本的补偿。郑琦（2008）通过对比发现机构投资者参与认购时的折价率显著低于大股东认购的折价率。低价发行会损害中小股东利益，而机构投资者的加入对大股东有一定的监督约束作用。可见，监控假说理论源于代理理论的利益协同效应，认为相对于中小股东而言，参与定向增发认购的投资者无论是实力还是获取信息的能力均优于小股东，他们会积极对管理层进行监控，认购折价就是对他们监控成本的补偿。

防御假说理论。监督假说相反的是防御假说，该理论基于代理理论解释定向增发的高折价，认为管理层为了实现对企业的控制目的，防止外部投资者对企业的监控与干涉，会挑选对自己友善的消极投资者以维护自己的防御体系，高折价是对消极认购者放弃对企业监控的补偿。巴克莱（Barclay，2007）从管理者防御的角度研究定向增发的低价认购，发现管理者出于自利的目的，在认购对象的选择上倾向于消极投资者，因其只关注增发利益，不会关心对管理层的控制权构成威胁。作为对消极投资者不闻不问、不干涉管理者行为的回报，管理者会给予被动投资者较大幅度的折价，而且还发现向消极股东增发的折价大大高于向积极股东增发的折价，损害了未能参与私募的原有股东的利益。巴克莱（1991）将这类增发动机定义为管理层防御，朱红军等（2007）也将其称为管理层机会主义。

大股东机会主义。经典的代理理论认为，代理人与委托人的利益分离程度越大，代理问题越严重（Jensen and Meckling，1976）。在股权分散的国家，第一类代理问题比较突出，主要集中于股东与管理层之间。我国股权结构与发达资本市场相比较为集中，因此主要的代理问题体现为大股东和中小股东之间的代理问题，即第二类代理问题。定向增发定价涉及增发利益在认购股东与未参与认购的股东之间的利益分配问题，因此，通过折价获得增发利益成为大股东侵占未能参与定向增发的中小股东利益的一种最直接的方式。朱红军，何贤杰（2007）通过数理推导得出大股东认购比例与增发前持股比例之差可以反映大股东和中小股东在定向增发中的利益分离程度。差额越大，分离程度越大，越有动机压低定向增发的价格，定向增发的折价也越高，对中小股东的利益侵占程度越大，使利益从没有获得增发机会的中小股东向大股东转移。

信息不对称假说理论。赫茨尔和史密斯（Hertzel and Smith，1993）认为由于外部投资者与管理层的信息不对称问题，新进投资者需要花费投入较大的信息搜寻成本去识别企业真实的经营状况、发展前景和募资意图等信息，而且信息不对称的程度越大，投资者付出的信息搜寻成本越高，因此非公开发行折价是对参与定向增发的投资者所花费的信息搜寻成本的补偿。同时，非公开发行传递了公司拥有较好的发展前景，表明了认购者对公司经营状况、投资前景的认可，向市场传递了积极的信号，降低了信息不对称程度，减少了企业价值被低估的可能性，因此参与认购投资者也理应获得折价补偿。赫茨尔和史密斯（1993）扩展了迈尔斯和马吉勒夫（Myers and Majluf，1984）的逆向选择假说，认为不对称信息程度高的公司会倾向于私募发行，因为有专业知识储备丰厚的投资者才有能力有实力去获知公司真实的价值，因其甄别过程中付出了信息搜寻成本，会从发行折扣中得到补偿，而且信息不对称程度越高，公司未来价值的不确定性程度越高，发行折扣相应也会越高。赫茨尔和史密斯（1993）的研究还指出从信息不对称角度解释定向增发折价要优于弗鲁克（Wruck，1989）所提出的监督假说（或利益协同效应）的解释。朱红军（2007）的研究发现信息不对称程度越大，定向增发的折价程度也相应越高，支持了上述解释。

风险补偿理论。禁售期的风险补偿是对于定向增发折价一种较为普遍的解释，西尔伯（Silber，1991）较早将非公开发行折价与增发股票的禁售期限制联系在一起。由于定向增发的非公开性，只面向少量特定的投资者，那么对于不参与增发的原有股东其所有权就会被稀释，因此，除新加坡和新西兰之外的绝大部分国家均会对非公开发行的股权有禁售期的要求，限制非公开增发股权在禁售期流转，虽然禁售期时间长短不等，但有了流动性限制的约束，投资者不可避免地会承担因非公开增发认购的禁售期而带来的不确定性风险，故此折价是对认购者的补偿以部分弥补流动性限制所带来的可能的风险与损失。伊丽莎白（Elizabeth，2011）亦从非公开增发股份的流动性视角研究折价问题，发现折价补偿与增发股份的受限度成反比。姜来等（2010）发现，增发对象为大股东时有更高的折价，当大股东以非现金的其他资产认购的定向增发折价更高，这说明定向增发折价在一定程度上是对大股东较长的锁定期内的流动性限制的补偿。综上可知，风险补偿假说认为发行过程中的折价现象蕴涵了认购对象承担了较高的风险，而其未来可获收益却存在较大的不确定性，因此折价只是代表对未来额外风险和成本的充分补偿。

2.2 定向增发市场反应研究综述

定向增发市场反应分析定向增发宣告前后上市公司股价的反应，包括短期市场反应和长期市场反应。国外现有文献对定向增发市场反应的主要研究结论是：定向增发与其他股权再融资方式相反，具有短期正的市场反应（宣告效应）。另外，具有不同背景的资本市场，对定向增发的市场反应与解释有所不同。

从对国内外现有文献的梳理结果来看，上市公司定向增发具有显著积极、正面的市场反应。国外对非公开发行的问题研究很早，积累了大量关于市场反应的研究成果，来自多个国家的研究结论已支持上述观点。例如，弗鲁克（1989），加藤和斯考黑姆（Kato and Schallheim，1993）分别发现在日本、美国上市公司定向增发事件前后，市场的短期效应显著为正；国内学者对市场反应的研究集中于事件日后的“公告效应”，所选择的事件区间和计算方法不同，结论略有差别。陈阳（2007）、章卫东（2007，2008）、徐福寿（2010）等学者的实证研究均表明，上市公司定向增发后呈现显著正的市场反应。章卫东（2007）对上市公司的增发后短期宣告效应进行实证研究，发现了增发公告后显著正的市场反应；次年，对增发折扣率与增发后的股价关系进行实证研究，以定向增发公告前后35天作为事件窗口，计算超额累计收益率，发现低折价率定向发行新股，公告效应越大。王翠和贺柳（2009）用预案公告后（0，15）天的CAR作为宣告效应变量比较研究定向增发和普通增发的区别，发现定向增发在（-1，1）区间内存在显著的正超额累积收益率；徐福寿（2010）用预案公告日作为事件日，发现预案公告前的超额累计收益率大于公告后超额累计收益率。

定向增发公告前的市场反应也常被用来衡量内幕交易程度，内幕交易是基于私有信息的套利行为，基于股价操纵的内幕交易会导致公司股价严重高估。用内幕交易作为信息不对称的代理变量，与普通增发相比内幕交易传递了定向增发公司被低估的信息，内幕交易和公告效应对长期收益率均有显示作用。克拉克、邓巴和卡尔（Clarke，Dunbar and Kahle，2001）的研究发现，通过普通增发募集资金的公司长期收益率越大，则内幕交易的程度越高。

根据研究结果，国内外学者基于代理理论、信息不对称理论等对定向增发市场反应给出了不同的解释，除了监控假说外，还提出了品质证明假说。

监控假说认为上市公司引入积极的机构投资者参与定向增发，以此监督公司的管理层，降低代理成本。弗鲁克（1989）发现向其他机构投资者筹集资金，虽然稀释了管理层的持股比例，但有利于外部投资者加强对公司的监管，长期而言有利于企业价值的提升。随后，大量已有的研究都支持了这一观点。

品质证明假说。卡西姆（Kasim，1993）分析了美国资本市场上非公开增发的市场反应，发现短期宣告效应显著为正，并将此结果解释为“品质证明假说”。即专业知识、投资经验丰富的机构投资者参与认购可以被认为是对发行公司的质量和投资前景的认可，向市场传递了有利的信号。赫茨尔和史密斯（Hertzel and Smith，1993）发现当公司信息不对称程度较高时，会选择定向增发募集资金。研究发现发行规模与超额收益率显著的正相关，随着发行规模的增大，风险随之增大，投资者越难辨别未来的投资机会。上市公司定向增发并顺利实施，说明了外部投资者对其发展前景有信心，向市场传递了积极的信号。

2.3 定向增发长期收益、长期绩效研究综述

长期以来，国内外的研究视角都在关注融资后的短期市场反应，而对定向增发经济后果之二——上市公司长期经营绩效影响研究关注甚少。洛克伦和里特（Loughran and Ritter，1995）的新股发行之谜，在融资事件长期市场绩效研究领域是一篇颇具影响力的文献。他们对 1970～1990 年间发行新股的公司研究发现，融资公司的长期收益低效仅与同期国债收益率相当。除了研究结论，其影响力还体现在研究方法和研究视角的创新上：用 BHR 代替 CAR 计算长期收益，树立了 BHR 指标的主体地位，而且还加入市值加权因素计算 BHR；引入法玛和弗伦奇（Fama and French，1993）的三因素日历月份时间序列回归，以更严格的统计检验证实长期市场低绩效的显著存在；证明事件日前以 ROA 为代表的公司长期业绩显著高于平均水平，管理层利用股价被高估的短暂窗口，巧妙地进行了股权再融资，所以增发后业绩下滑是必然的，提出应从经营业绩角度寻找融资公司长期市场低绩效的原因。如果按照投资者过度乐观，管理层择机发行后长期市场表现应该为负这一推理，定向增发可能也会有相同的长期市场表现。于是赫茨尔（Hertzel，2002）对定向增发公司长期市场表现的研究发现私募发行后三年，出现了相对较差的经营业绩，即虽然私募发行在公告期间具有正的超额收益率，但在长期来看具有显著负的运行绩效。因此赫茨尔认为投资者对于公开与非公开发行的态度过度乐观，过于看好融资公司的前景。国内学者对定向增发长期收益、长期绩效的研究很少，大多与企业价值、集团整体上市结合起来，研究定向增发对企业的影响。

2.4 监督与合谋理论对定向增发经济后果的解释

20世纪初，第二类代理问题越来越突出，成为20世纪中期的主要代理问题。随着股权结构的分散，大股东与中小股东的利益冲突日益加剧，逐步取代所有者与管理层之间的代理问题成为公司治理中的主要代理问题。相比中小投资者，机构投资者作为持股比例较大的外部投资者，拥有雄厚的资金基础、专业优势以及资源优势来监督管理层，积极参与到公司治理中；与大股东相比，机构投资者不具备利用控制权谋取私利的渠道与动机，因此当机构投资者的利益目标与中小投资者一致时，如果尽职地行使对大股东的监督权，为参股公司献计献策，实现双赢。格罗斯曼和哈特（Grossman and Hart，1980）发现机构投资者所持股份与公司业绩正相关。施莱弗和维什尼（Shleifer and Vishny，1986）认为机构投资者更有能力来获取监督的回报，愿意对所投资公司的经营活动进行监督，并提出了有效监督假说，即只有持股比例较高的机构投资者才有足够的动力去尽职地行使监督权。除了持股比例因素，根据成本效益原则，机构投资者只有在预期到参与公司治理获取监督收益大于其付出的监督成本时才会积极参与到公司治理中去。所以机构投资者除监督收益之外，还有其他获取收益的渠道与途径，应再对其持股动机进行细分。

庞德（Pound，1988）提出了机构投资者参与公司治理的另外两种假说：利益冲突假说认为机构投资者会因自利动机而支持管理者，损害外部股东利益；战略联盟假说认为如果机构投资者和管理层发现合作会获得更大收益，两者会采取联盟策略，损害外部股东利益。利益冲突和战略结盟假说意味着机构投资者在公司治理中除了是监督者还可能成为利益攫取者，机构投资者对上市公司的监督实质就是“以代理人监督代理人”，当其目标利益与中小投资者存在差异时，不但无法有效监督，甚至会反其道而行，转而与大股东合谋，共同侵害其他外部股东的利益。因此，在上市公司实施定向增发的过程中，机构投资者是有效的监督者还是与大股东合谋仅从增发定价的研究中还无法得出确切的结论，应结合定向增发后的经济后果来分析。

从监督与合谋理论的文献整理来看，国外研究多从宣告效应与长期收益关系角度、定向与公开增发的宣告效应比较来进行研究。弗鲁克（1989）发现定向增发存在正的宣告效应，而普通增发的宣告效应为负，因此定向增发提高了监督效应。但赫茨尔和史密斯（1993）的研究结果并未发现机构投资者参与非公开增发认购的变量与折扣率之间显著正相关，机构投资者的监督作用有限；赫茨尔和里斯（Hertzel and Rees，1998）研究发现，非公开增发后有正的短期公告效应，但长期收益率较低；巴克莱等（Barclay et al.，2007）研究发现消极投资者的折扣率高于积极投资者，可能缘于消极投资者已满足于发行环节所获得的折价补偿，对管理层的监督动力不足。赫茨尔（2006）通过实证研究发现机构投资者认购比例越高，长期绩效越好，说明机构投资者参与认购具有监督和信息确认效应。

由于从预案公告至增发公告日时间间隔较长，期间的利好消息已被逐步释放，用短期收益率来衡量监督合谋效应有失偏颇，参照已有研究，本书用长期收益、长期绩效作为监督合谋效应的衡量变量，同时结合短期公告效应共同来探讨大股东、机构投资者在定向增发中的作用。

2.5 支持与侵占理论对定向增发经济后果的解释

分析大股东在定向增发中的支持侵占作用，必定要归根溯源至代理理论。代理理论的研究源于早期两篇影响力很大的经典文献（Jensen and Meckling，1976；Fama，1980）。研究发现，除了大股东与经理人的代理问题外还存在其他的代理问题。而大股东与小股东、经理人与董事会之间代理关系逐渐成为研究重点，日益受到重视（Jensen and Meckling，1976）。施莱弗和维什尼（Shleifer and Vishny，1997）认为大小股东的利益冲突是公司治理的主要问题。当两者利益目标不一致时，有可能产生大股东侵占中小股东利益的问题。LLSV 理论认为在法律保护机制较为薄弱的国家，大股东通过较高的持股比例巩固自身利益，而且控股比例越高，与中小股东的利益冲突越大。

已有的文献积累对定向增发的支持、侵占分析，主要采用三种方式：短期宣告效应法判断支持效应（Wruck，1989）；长期收益率研究法，由于管理层的择机发行倾向，用长期收益率法更为接近现实；折扣率和长期收益率相结合判断大股东、机构投资者认购是支持还是侵占效应（Barclay et al.，2007）。

我国关于定向增发的早期研究多以折扣率或短期公告效应来分析大股东在定向增发中的作用。陈政（2008）的研究表明折扣率与大股东认购比例正相关，定向增发折扣率不仅是利益侵占的手段，也是利益均衡的结果。何贤杰，朱红军（2009）通过严密的数理推导，开创性地将大股东认购比与原持股比之差作为大股东与中小股东利益背离程度的代理变量，为后来的许多学者所沿用。研究发现背离程度越大，对其他股东的利益侵占程度越大。张鸣，郭思永（2008）认为折扣率是后股权时代大股东利益侵占的主要手段。与美国的私募发行后长期业绩表现不佳结论相反，邓路，王化成，李思飞（2011）研究发现，无论是用 BHAR 法，还是日历时间组合法都可验证上市公司实施定向增发后两年内总体表现强势，而且没有直接证据表明大股东将定向增发作为侵占的工具。

随着定向增发的深入推行，研究样本逐渐增多，理论上与实践上都具备了研究长期收益、长期业绩的条件，用长期收益率与长期业绩法来研究大股东在定向增发中的作用逐渐成为主导方法。

2.6 文献述评

综上分析可知，国内外研究主要集中于定向增发的定价、定向增发后的短期公告效应、长期收益率、长期业绩等。基于代理理论和信息不对称理论用监控假说、防御假说、大股东机会主义、信息不对称假说、风险补偿等理论对定向增发中的低价发行现象进行理论解释；用监控假说、信息不对称假说、流动性假说等理论解释定向增发的长短期市场反应即财富效应（包括短期公告效应和长期市场表现）以及财务效应。由于我国推行定向增发时间较短，受研究样本、研究视角的限制使得大部分研究集中在定价环节和短期宣告效应，对长期收益、长期业绩的研究较少，且不够系统，对长期市场反应的理论解释也相应匮乏。

低价发行既是大股东监督或者合谋行为的补偿，同时根据风险补偿理论又可以被视为未来风险收益的补偿。定向增发中大股东或机构投资者在定价环节获取折价收益只是增发收益的一小部分，仅研究定向增发的起点——折扣率，不探究定向增发后的短期宣告效应、长期业绩、长期收益率与大股东及机构投资者认购对象及折扣率的关联，研究结论会略显单薄、头重脚轻。因此，纵向上应从定向增发认购者视角出发，对大股东、机构投资者在定向增发中的监督与合谋作用，大股东对上市公司的支持与侵占作用分别进行分析，使研究视角更全面。

基于上述文献分析，此处再做些补充：

第一，机构投资者参与定向增发认购，对大股东和中小股东的利益冲突起到了缓解与制衡作用。有些学者认为机构投资者代表了中小股东的利益，对控股股东起到监督和制衡的作用，也有理论认为机构投资者与控股股东合谋，共同窃取中小股东利益。因此本书将定向增发中涉及的另一重要的发行对象——机构投资者纳入研究，使得发行对象的研究更为丰满，来验证机构投资者的加入会对定价产生怎样的影响，以全面地反映股东利益在定价博弈中的全貌及其影响因素。研究中，拟从定向增发利益相关者利益均衡视角出发，以代理理论和信息不对称理论为理论基石，研究上市公司定向增发的定价问题。

第二，从文献回顾可以看出，估计窗口的选择不同，则所对应的贝塔系数会有所不同，计算的结果也会千差万别。比如有些研究中窗口期的选择未能准确定位事件日，前移至关键事件发生之前，此时市场并未作出反应，内幕交易程度很低，在此期间计算出来的超额收益率也相应较低，降低了检验结果的准确性。因此，事件日及窗口期的选择很重要，需要准确找到上市公司定向增发事件的关键时间点，才能有效计算出定向增发的短期公告效应与内幕交易，以便从内幕交易、公告效应、长期收益率方面，厘清定向增发事件区间的收益率关系。

第三，研究折扣率与长期收益率的相关关系，从更长的时间跨度来分析折扣率是侵占还是支持效应补偿。如果折价率与未来长期收益率的负相关，则表示折价率对长期收益下降风险的补偿，而如果两者相关关系为正，则表示折扣率是对长期监督效应的补偿。

第 3 章

定向增发的制度背景

3.1 我国资本市场再融资的历史沿革

再融资是资本市场实现资源优化配置的重要方式之一，由于我国属于新兴资本市场，自资本市场建立以来，都是不断地借鉴发达资本市场的经验，并结合我国资本市场发展现状，摸索着向前并日臻完善。我国资本市场再融资的历史沿革顺次历经以下四个阶段：

配股一统天下（1998 年前）。配股是我国资本市场再融资唯一方式，别无他选。由于配股不牵扯新老股东的利益平衡问题，定价较低，因此成为我国资本市场发展初期再融资的唯一选择。

公开增发与可转债试行（1998 ~ 2000 年）。为改变配股一统天下的格局，1999 年我国启动了公开增发与可转债的试点工作，以便引入市场化的再融资模式。公开增发引入了外部股东，不论定价机制，还是增发额度、增发规模，都非常规范科学，最大限度的体现了与国际惯例的接轨。但由于我国资本市场上的两大顽疾的存在：股权分置与分拆上市，影响了公开增发优势的发挥，仍有上市公司通过操纵股价在高价增发，谋取短期增发利益。

再融资市场化（2001 年至股权分置改革之前）。这一阶段再融资的规模呈现爆发式增长，而再融资的制度建设却明显跟不上融资规模的迅速膨胀的脚步，因此也反向促进了再融资制度的修订与完善。制度的完善不仅为上市公司融资提供了更多样化的选择，还进一步促使上市公司在再融资的过程中构建科学治理结构，加强信息披露的透明度的建设。同时，为定向增发的大范围推广做了很好的铺垫，奠定了坚实的制度基础。

定向增发崭露头角（2006 年至今）。2006 年资本市场再融资功能重新开启，定向增发以法律的形式确定下来。证监会颁布了《上市公司证券发行管理办法》，2007 年深交所和上交所也相继出台了非公开发行股票业务指引。至此，基本完成了定向增发所需的制度构建。一种新型的股权再融资方式——定向增发悄然兴起。"小荷才露尖尖角，早有蜻蜓立上头"，定向增发凭借其无可比拟的优越性，迅速被众多上市公司所采用，超越其他股权再融资方式，成为我国股权再融资的首选。从 2006 年 5 月定向增发开始推行以来，成功实施定向增发的上市公司不论是数量还是融资规模均呈现爆发式增长，在定向增发推行的第二年 2007 年募集资金从 2006 年的 936.6 亿元迅速膨胀到 2634.49 亿元，此后一路攀升于 2011 年达到顶峰，募集资金高达 3545.17 亿元，截至 2013 年末，上市公司通过定向增发累计募集资金多达 21395.61 亿元，成功实施定向增发共计 1168 次。在 IPO 停发期间，定向增发更是成为上市公司募集资金的首选，受到各路资金的争相追捧，其受欢迎程度可见一斑。

从我国资本市场再融资的历史沿革可以看出，我国资本市场股权再融资顺次经历了配股、公开增发和可转债、定向增发的更迭过程，而每一次成功更迭除了资本市场自身发展的内因需要，还离不开完善的制度建设。定向增发的成功推行与股权分置改革须臾难分，而资本市场中整体上市的需求又为定向增发向纵深发展创造了良好的时机；资本市场中再融资方式琳琅满目，而不论何种再融资方式，公平合理透明的市场化定价机制是再融资成功实施的关键，科学公正的定价机制、审核程序则是良好市场秩序的保证，也是资本市场健康发展的保证。合理的定价方式既是对中小投资者的保护，也是对循规蹈矩、发展前景良好亟须融资以求更大发展空间的上市公司的保护。健康的资本市场具备最有效的识别能力、科学合理统一的定价机制可以让市场更好地识别出上市公司再融资的意图，避免劣币驱逐良币，将真正需要再融资的公司挤出市场，沦为部分别有用意的上市公司的吸金工具。

3.2 定向增发兴起的成因分析

由我国资本市场再融资方式的历史沿革可以看出，定向增发的启动绝非偶然为之，是制度变革的必然结果，也是与我国资本市场独特的成长环境有着密切的联系。股权分置时代非流通股东与流通股股东目标利益不仅不一致，还背道而驰，大股东以关联交易进行利益输送，侵占上市公司利益的现象层出不穷。另外，国企上市之初所遗留的分拆上市祸根，导致上市公司成为集团公司的利益输送器，关联交易频繁，上市公司苦不堪言。痛定思痛，为对上市公司二元股权结构彻底变革，证监会等监管机构于 2005 年启动了股权分置改革计划。股权分置改革为定向增发的成功实施扫清了障碍，而定向增发则是融资功能重启的第一张王牌，其他融资功能如 IPO 融资、配股、公开增发等紧随其后逐步启动。定向增发能够在弱势资本市场成为融资开路先锋绝非偶然，而是源于其得天独厚的优势。

3.2.1 定向增发与股权分置改革

股权分置导致上市公司长期存在着二元股权结构，同股不同权不同利，上市公司股权结构高度集中，控制权牢牢掌握在大股东手中。但由于非流通股无法通过二级市场转让，非流通股东无法通过二级市场兑现股价飙升所带来的持有利益，非流通股东与流通股东目标利益函数的严重背离导致其对上市公司的市场表现漠不关心，缺乏监督动力，甚至为了实现个人私利，还通过形式多样的利益输送方式攫取上市公司利益，进而侵占广大中小股东利益，因此，在股权分置时代，控股股东与中小股东的利益冲突愈演愈烈。拉·波尔塔（La Porta，2002）研究表明，在法律制度保障相对较弱的资本市场，上市公司股东之间的利益冲突现象更为突出。哈里斯和拉维夫（Harris and Raviv，1992）、施莱弗和维什尼（Shleifer and Vishny，1997）的研究均发现公司的内外部股东之间存在着利益冲突。我国属于新兴资本市场，股权相对集中，因此大股东与小股东之间代理问题占主导。

由于股权的分置，大股东对二级市场上股票的变化缺乏敏感性，更为关注的利益目标是实现公司资产的保值增值；中小股东则关注股票在二级市场上的回报率。而大股东对上市公司有着绝对的控制权，往往置中小股东的利益于不顾，利用其信息优势及股权优势，选择更有利于自身利益的各种决策。

在完善的全流通资本市场上，如果内部股东绝对控股，大量外部股东“用脚投票”能形成对内部人的自利行为的制衡。但是，在我国资本市场上，股权相对集中，多数上市公司的大股东都拥有绝对的控制权，中小股东无力也很难进行有效监督。另外，非流通股的协议转让价与股价无关，“用脚投票”的策略也很难撼动大股东的目标利益。

公司治理理论认为，机构投资者有能力有实力有动力发挥其专业优势，理应在公司治理中起到监督制衡大股东或控股股东的作用。但机构投资者分散投资策略所占股份与股权高度集中下的控股股东绝对控股权股份相比悬殊太大，机构投资并没有太多的话语权，其认购目标就是为了获取短期收益。利益少、话语权低，若要真正发挥其有效的监督职能，必须要大多数机构投资者联手，但这样的行为不符合成本效益原则，因此不可避免的就会出现“搭便车”行为，坐享其他投资者的监督行为以最大化自身的收益，其结果是机构投资者的监督变为无力被动甚至为谋求自身利益与大股东合谋。

综上所述，在股权分置时代，流通与非流通股东之间的利益目标存在显著差异，而股权分置的改革使二者有了共同的目标利益，为定向增发的成功实施提供了绝佳的先决条件。

2007 年非流通股开始解禁，根据市场压力假说，大量非流通股涌入二级市场将带来股价的大幅下跌。选择定向增发作为融资方式，仅面向少数有实力的专业投资者，可以用最低的融资风险缓解资金压力，且定向增发的发审条件简单，短期内不会增加市场扩容压力，大量非流通股的大股东自然而然会对定向增发这种股权再融资方式青睐有加。

根据《办法》的规定，如果定向增发的投资者是与上市公司控制人非关联的，其认购的股份有 1 年的锁定期；而如果特定投资者是实际控制人关联股东，如控股股东或一致行动人，其出售股份的锁定期是 3 年。其严格的锁定期限制使得短期内不存在市场扩容压力，更为重要的是，大股东认购有三年的锁定期限，与上市公司的目标利益捆绑在一起，向市场传递了普遍良好的信号预期。而且对于拥有优质资产的大股东为实现企业价值最大化的目标，迫切希望优质资产注入公司。大股东即使是出于自利的考虑，为实现自身利益最大化，也要充分地发挥监督和支持作用，努力保持上市公司长期持续盈利。从以上分析来看，股权分置改革和非流通股解禁均需要定向增发的参与。

股权分置改革后，通过定向增发，以资产证券化的方式推进我国并购市场的发展。通过定向增发的方式向上市公司上下游的关联企业增发股权，实现上下游的产业整合，优化产业链，充分发挥规模效应的作用，为企业谋取更大的发展空间。定向增发不仅以资产证券化这种新模式推进了我国并购市场的发展，还可以引入新的理念及先进的技术，为公司未来的发展奠定坚实的基础。

综上所述，股权分置改革是定向增发顺利推行的先决条件，也可以认为，股权分置改革是定向增发的制度动因，没有股权分置改革的保驾护航，就没有定向增发的乘风破浪。

3.2.2 定向增发与整体上市

作为上市公司股权再融资的主要方式，定向增发的顺利推行与国有企业改革也有密不可分的关联。许多国有上市公司在拟上市时，为了轻装上阵、顺利上市，都是从集团公司拆分出来的部分优质资产，于是产生了阻碍我国资本市场健康发展的另一障碍——分拆上市。分拆上市后，大量劣质资产仍滞留在集团公司，不难推测集团公司有着强烈的利益窃取动机，从而给上市公司造成了利益损失。可见分拆上市自然而然会导致企业集团与上市公司之间不可避免地存在关联交易、利益输送、侵占资源等问题。为逐步消除集团公司对上市公司掏空行为，国资委、证监会等监管机构鼓励大型国有企业通过定向增发实现整体上市，从根本上切断集团公司与上市公司利益输送的渠道。

整体上市是将母公司或集团的主要资产置换到上市公司，而定向增发作为上市公司再融资的一种方式，是实现公司整体上市的有效途径。经过股权分置改革，为企业集团的整体上市提供了良好的市场机遇。国资委制定的央企整体上市的四种模式中反向收购母公司和换股吸收合并基本是以定向增发的方式来实现。通过定向增发实现整体上市具备其他方式无法比拟的优势，因为无论是杠杆融资还是 IPO 融资，都需要大量现金，而定向增发则会给予上市公司控股股东以资产换股权的机会，操作简便，融资程序简单。

在企业自身迫切的整体上市需求与政府的积极倡导与推进下，定向增发成为整体上市的最佳选择，而整体上市又是定向增发成功实施的助推器。通过定向增发方式实现企业集团整体上市，可以实现企业集团与上市公司的双赢，减少关联交易、增强透明度、缓解大股东与上市公司的利益冲突，提升公司的内在价值，增厚业绩；定向增发的锁定期限制，使大股东与上市公司的目标利益趋于一致，于人于己大股东都会为了切身利益而维护上市公司的利益。由此可见，整体上市是定向增发成功推行的助动剂，而定向增发成就了企业集团整体上市的心愿，两全其美，促进了资本市场的健康发展。

3.2.3　定向增发规范买壳上市行为

从制度角度而言，我国民营企业长期存在融资难、上市难的问题。由于民营企业不具备国有企业的制度优势，而上市门槛高、审批严格，许多民营企业更倾向于选择买壳上市。

定向增发可以通过资产注入的方式来实现，而资产注入可实现上市公司的资产重组，当上市公司经营陷入困境或面临退市危险，通过向第三方定向增发股份使新的控股股东掌握控制权，既成功地避免了壳资源所面临的退市危险，又实现参与定向增发认购公司的“借壳上市”。此类定向增发本质上属于资产重组，目的不是改善，而是改弦易张。

在以往的借壳上市中，因为没有制度约束，定价和道德风险是比较棘手的问题。而定向增发从制度上对发行价作出要求增加了信息公布透明度；在定向增发审核制度中对资产注入有严格的审批程序，规范了买壳上市行为；同时定向增发中有严格的锁定期的限制，将大股东长期利益与公司长期利益绑定在一起，使两者利益目标一致，从长远利益考虑，上市公司会尽量避免短视行为，以谋求长远的发展，自利的同时也更好地保护了中小股东利益不受侵占。

3.2.4 定向增发有利于引入国外战略投资者

随着全球化进程的加快，部分优质企业有扩大国际市场的需要。若要在国际市场上占有一席之地，则需要提高产品的质量和科技含量，开发具有自有知识产品，拥有排他的核心竞争力。通过定向增发引入战略投资者成为众多企业的首选，相比公开增发方式更简单，操作性强。上市公司向境外战略投资者发行股票募集资金的同时，还可以获得战略投资者所拥有的卓越优质的社会资源，提升管理水平，获得技术支持。而且部分上市公司还通过定向增发进行控制权转移及公司性质的变更，华丽转身变成了外资公司。

3.2.5 定向增发有利于发挥机构投资者的监督效应

股权分置改革前，资本市场上存在着严重的利益侵占现象，内幕交易、股价操纵屡禁不止，羊群行为、动量交易行为屡见不鲜，市场处于非有效状态。机构投资者持股比例也有限，因监督效应带来的收益也有限，监督动力不足。作为改善资本市场投资者结构的重要举措，2000 年中国证监会提出要“超常规发展机构投资者”。加快机构投资者的发展规模、加大机构投资者认购比例，充分发挥机构投资者的监督作用，使机构投资者成为上市公司业绩的指示器，其认购或撤离行为对上市公司形成强有力的制约。但股改后，随着流通股市场的扩容，机构投资者持股比例相对降低，在公开发行市场上指示器的作用减弱，而机构投资者通过定向增发认购上市公司股份，成为新的指示器模式，根据品质证明假说，机构投资者通过定向增发方式认购上市公司股份，是对其经营状况和发展前景的认可，向市场传递了积极的信号，而且通过非公开发行迅速增加了机构投资者的认购比例，可以充分调动机构投资者的监督动力。

3.3 定向增发发行现状分析

2006~2013 年长达八年的时间里，我国上市公司共成功实施定向增发 1168 次，增发价格、发行折扣率、增发总股本、募资规模的总体现状如表 3-1 和图 3-1 所示。从表 3-1 和图 3-1 的统计结果可以看出，2006 年上市公司通过定向增发募集资金 936.6 亿元，2007 年募集资金总额迅速膨胀到 2634.49 亿元，此后一路攀升于 2011 年达到顶峰，募集资金高达 3529.69 亿元，截至 2013 年 12 月上市公司通过定向增发累计募集资金 21395.61 亿元；从成功实施定向增发的公司数来看，除定向增发推行第一年2006年之外，此后的七年间，每年的成功实施定向增发公司数均超过了100家，并在2013年达到历年最高水平，总计266家；平均折扣率为19.61%，而2007年的平均折扣率最高为42.96%，2008年大幅降至14.80%，2012年平均折扣率甚至出现了负值，即有些公司出现了溢价发行的现象，可见市场行情对增发折扣有显著的影响，在牛市中，投资者情绪高涨对股市持乐观态度；而股市长期低迷时投资者信心不足的悲观情绪充斥着二级市场，进一步又压低股价，除了低增发折价率，甚至还出现许多溢价发行情形。

表3－1　2006～2013年定向增发发行情况

年份	公司数	平均发行价格	平均折扣率（%）	增发总股本（万股）	募集资金总额（亿元）	平均募集资金（亿元）
2006	50	8.84	27.31	1968770	936.60	18.73
2007	145	12.31	42.96	2916000	2634.49	18.17
2008	107	14.79	14.80	1558083	1646.12	15.38
2009	117	10.54	21.98	3776628	2674.15	22.86
2010	153	13.72	25.14	3733149	3079.22	20.13
2011	175	14.93	16.10	3699145	3529.69	20.17
2012	155	11.28	－0.22	4361123	3373.73	21.77
2013	266	10.53	17.01	5289105	3521.61	13.24
合计	1168	12.25	19.61	27302003	21395.61	18.32

注：以上数据均取自Wind金融数据库。

图3－1　2006～2013年定向增发募集资金

表3－2列示了定向增发分行业统计情况，其中采掘业平均发行价格最高，

电力、煤气及水的生产和供应业平均发行价格最低；除金融、保险业发行总股数最多为 3683574 万股，制造业金属、非金属位列第二增发总股份为 3539480 万股，而制造业机械、设备、仪表业位列第三达 3181569 万股；募集资金总额最高的前三位也是金融、保险业，制造业机械、设备、仪表，制造业金属、非金属，分别为 3468.95 亿元，3117.32 亿元，2101.74 亿元。

表 3 -2　2006 ~ 2013 年定向增发分行业统计

行业名称	行业代码	平均发行价格	增发总股份（万股）	募集资金总额（亿元）
农、林、牧、渔业	A	11.62	237578	157.45
采掘业	B	18.05	946994	1059.97
制造业食品、饮料	C0	14.83	686247	749.75
制造业纺织、服装、皮毛	C1	8.71	169405	129.03
制造业木材、家具	C2	7.65	55633	41.55
制造业造纸、印刷	C3	7.21	389315	155.96
制造业石油、化学、塑胶、塑料	C4	11.21	1377534	1264.82
制造业电子	C5	13.71	1670909	875.84
制造业金属、非金属	C6	12.13	3539480	2101.74
制造业机械、设备、仪表	C7	13.66	3181569	3117.32
制造业医药、生物制品	C8	15.35	426620	598.54
制造业其他制造业	C99	10.39	133481	75.34
电力、煤气及水的生产和供应业	D	7.12	2865767	1740.69
建筑业	E	11.99	470098	398.81
交通运输、仓储业	F	8.02	2272304	1361.9
信息技术业	G	13.50	554178	488.26
批发和零售贸易	H	14.13	773382	734.64
金融、保险业	I	11.14	3683574	3468.95
房地产业	J	9.28	2575028	1711.72
社会服务业	K	10.63	411947	371.31
传播与文化产业	L	13.05	524264	419.64
综合类	M	12.59	356697	372.38
全样本			27302003	21395.61

注：以上数据均取自 Wind 金融数据库。

3.4　定向增发政策及分类

定向增发是我国股权分置改革后出现的一种新型的股权再融资方式，在增发政策方面与公开增发、配股、可转债等，有着显著的区别。不论是发行条件、发行对象还是审批过程都比其他的股权再融资方式要简单，因此深受上市公司青睐。

3.4.1　发行对象和发行条件

定向增发的发行对象集中且确定，多数都和发行方有良好的合作关系，或者是具有一定专业投资能力的机构。我国定向增发融资对象的特定人分类如下：实际控制人及其控制公司；机构投资者；境外战略投资者；自然人。

在增发过程中，以上特定认购对象会进行不同的组合，根据研究目的本书认购对象分为三类：仅有大股东参与定向增发，股权集中度增加；仅有机构投资者参与定向增发，大股东股权利益被稀释；既向大股东又向外部机构投资者发行，当大股东认购比大于增发前持股比例时，股权集中度增加，反之大股东股权被稀释。外部投资者参与时，如果是现金认购，发行价格由外部股东集合竞价方式决定增发最低价。

从发行条件看，定向增发较配股和公开增发有着更宽松的政策。比如以配股或公开增发进行股权再融资的上市公司，需要连续三个会计年度盈利限制；连续三年股票或现金分红比例不得低于可分配利润的 20% 等。而定向增发的发行条件除了合规性要求外，没有盈利能力和分红要求的限制，只对认购对象有限售锁定期的规定，可见宽松的融资政策也是定向增发受追捧的主要原因。

3.4.2　发行定价

《办法》中规定定向增发的发行价不得低于定价基准日前 20 日均价的 90% 和公司每股净资产值，即以二者的最大值作为发行价。

然而，定向增发定价规定中关于定价基准日的要求并不明确，只是含糊的表述为“定价基准日”。查看上市公司公布的“非公开发行股票发行情况暨股份变动公告”可以发现，上市公司对于定价基准日的选择差别大，随意性也很大。定价基准日选择不同，基准价格相应也会有所不同，这为上市公司择机发行留出了操作余地和空间。

3.4.3 认购方式

定向增发按认购方式，可以分为现金认购、资产认购、既现金认购又资产认购三大类。

现金认购和资产认购的定向增发发审程序也不同：仅通过现金认购，只需提交发审委员会审核；如定向增发以现金认购并引入战略投资人还需经过商务部的审核；对于资产认购的申报，不仅要提交发审委员会审核，还需提交资产重组委员会对资产重组的真实性等进行审核；既以现金认购又以资产认购的定向增发，由于二者审核程度不同，因此要求分两次进行。现金认购方式较简单，不存在资产认购的高估低估操作，因此，按认购方式分类对定向增发进行研究，可发现现金认购与资产认购后不同的市场反应与财务绩效特征。

3.4.4 锁定期限制

定向增发的发行限制很少，除了合规合法性，只有一项锁定期限制，而其他三种股权再融资方式均不受此约束。《办法》规定：定向增发所发行的股份自发行结束之日起，12个月内不得转让；而控股股东、实际控制人及其控制的企业认购的股份，36个月内不得转让。限售期限的规定将大股东、机构投资者利益与上市公司绑定在一起，有利于大股东、机构投资者充分发挥监督职能，一定程度上减少了定向增发参与者的各种短视行为和掏空动机，从而提高上市公司的中长期投资价值，增强市场的投资信心。

3.5 本章小结

本章从我国的制度背景出发梳理了定向增发在我国的发展脉络，分别论述了我国资本市场再融资的历史沿革、定向增发兴起的成因，对定向增发政策及分类进行简要分析，并大致描述了定向增发推行八年以来的发行现状。

从我国资本市场股权再融资的发展脉络中不难看出，股权分置和分拆上市是我国资本市场发展过程中两大历史遗留问题，阻碍再融资功能的充分发挥。由于股权分置，大股东与中小股东之间的目标利益差异显著，导致资本市场中小投资者的利益不断受到控股股东侵蚀。股权分置改革为定向增发的成功实施扫清了障碍，而定向增发则是融资功能重启的第一张王牌，股权分置的改革使得非流通股股东和流通股股东有了共同的利益基础，为定向增发的成功实施提供了绝佳的前提条件。另外，在政府的积极倡导与推动下，定向增发成为整体上市的最佳选择，而整体上市又对定向增发的成功实施起到了助推器的作用。通过定向增发方式实现企业集团整体上市可减少关联交易、增强透明度、减少大股东与上市公司的利益冲突，提升公司的内在价值，对资本市场的健康发展有着非常积极的意义。定向增发解决买壳上市中的定价、道德风险等问题，满足企业全球化进程中引入战略投资人的需要，有利于发挥机构投资者的监督效应。

此后，本章还对我国上市公司定向增发定价的基本现状与分类进行了分析和描述。以增发年份、行业分布为标准对定向增发发行情况进行分类描述。从发行对象、发行条件、定价制度、认购方式、锁定期限制等方面对定向增发的相关政策规定进行描述。

第 4 章

上市公司定向增发定价研究

本书在对国内外相关研究文献进行回顾和综述的基础上，采用规范研究与实证研究相结合的研究方法。从我国证券市场股权融资的历史沿革及发展现状出发，运用代理理论和信息不对称理论，从定向增发中大股东、机构投资者及中小股东利益均衡视角分析三者共同作用下的定向增发定价的制定过程。剖析定向增发定价过程中的低价发行现象，并尝试找出影响定价选择的关键要素。

4.1 定向增发定价选择理论分析及研究假设

4.1.1 定向增发定价选择数理分析

定向增发定价的过程实质是各认购对象凭借各自的实力通过定价策略实现利益均衡的过程。从文献回顾可归纳出，代理理论和信息不对称是国内外学者研究定向增发定价问题的两个基本视角。自詹森和麦克林（Jensen and Meckling，1976）论证代理问题开始，对代理问题的研究焦点从管理层与投资者间的委托代理问题转移到控股股东掠夺中小股东的问题。相比美国等西方发达资本市场，我国属于新兴资本市场，股权较为集中，大股东在决策中基本不受束缚，一直处于强势的控制地位，加之资本市场欠发达、监管机制的不到位，使大股东侵占中小股东利益的现象更为严重。大股东的信息获取优势及控制权优势使其可以用较少的成本就能获取企业最为核心的价值信息，这些优势与参与定向增发的机构投资者相比表现得更为淋漓尽致。与其他股权再融资方式相比，定向增发具有更高的信息不对称释放程度（Wu，2004）。在定向增发定价的过程中，大股东与机构投资者在利益均衡过程中必然处于显著的优势地位，从而拥有发行定价的主导权。综合考虑影响定向增发定价的各种因素：监督成本、管理者防御、信息搜寻成本、风险补偿，处于信息优势和股权优势地位的大股东会权衡各种因素，尽可能地选择较低的发行价格，以最低的成本获取最大的定向增发收益。

国内关于定向增发折价问题的研究较多，多从财富转移视角展开。何贤杰，朱红军（2009）将大股东认购比例与原持股比例之差作为大股东与中小股东利益背离程度的代理变量，为后来的研究者所沿用。张鸣和郭思永（2009）研究发现定向增发的折价水平和大股东认购比例共同决定了大股东转移财富的程度，并提出将大股东持股比例与认购比例之差作为衡量财富转移程度的指标。徐寿福（2009），张力上和黄冕（2009），王志强等（2010）分别将认购对象按不同类别分组，考察不同的认购对象对折扣率的影响。徐寿福（2009）的研究结果表明大股东参与认购折扣率显著高于大股东不参与认购样本；张力上和黄冕（2009）发现控股股东、实际控制人参与定向增发时认购比例越大折价率越大；在王志强等（2010）的研究中将认购对象限定于大股东与机构投资者，划分为三组，发现仅大股东和关联方认购组存在刻意打压定价基准日股价，进行利益输送的行为。还有学者从投资者情绪角度解读增发定价机制，卢闯和李志华（2011）通过投资者情绪对定向增发定价的影响研究发现，市场繁荣阶段，投资者情绪乐观，折扣率过大，而过于偏离正常水平的定价可能导致发行后的业绩下滑。此后许多的研究将市场因素纳入在内，以探究在市场繁荣和低迷期对定价水平的影响。

根据以上的理论分析可知，在监督成本、信息搜寻成本、流动性补偿、管理者防御等影响定向增发定价的各种因素的共同作用下，参与增发的认购对象不同，上市公司实施定向增发时确定的定价水平也会存在差异。如仅对大股东或关联方增发，大股东处于绝对的主导地位，只需在最有利的时机以最有利的价格发行即可。当大股东或关联方和机构投资者同时参与定向增发时，大股东仍处于优势地位，机构投资者可能因认购比例及参与定向增发的动机不同而呈现出监督或合谋这样两种不同的效果。但归根到底还是在大股东主导下依据双方的实力制定出有利于双方的发行价，但因双方目标利益不同，在均衡过程中会有一定程度的折中；仅向机构投资者发行时，为满足机构投资者对信息搜集成本、监督成本补偿、流动性补偿的需求，发行方会确定一个令机构投资者较为满意的发行价，对其所付出的各种成本先从折价率上进行补偿。

上市公司定向增发涉及参与认购的投资者与未参与认购的原有股东与之间的利益分配，而参与认购的大股东既代表了原有股东的利益，又代表了参与认购股东的利益，因此有必要构建简单的模型，从数理角度分析定向增发的定价机制。

由于本书在后续经济后果的研究部分为充分刻画大股东与机构投资者认购对定向增发的不同影响，将研究重点聚焦在这两种认购对象上，参照已有的理论分析，结合本书的研究重点，对定向增发定价机制进行数理分析时认购对象仍按上述三种分类分别进行讨论。

假设定向增发前，总股本为 N_0，定向增发前每股价格为 P_0，上市公司股东在定向增发前的持股比例为 α（假定其余均为中小投资者），定向增发的股份数量为 N_1，发行价格为 P_1，大股东、机投资者认购分别为 β，$1-\beta$ 且 $0\leqslant\beta\leqslant1$。

定向增发前的公司价值为：$V_0=P_0N_0$

定向增发发行之后的公司价值为：$V_1=P_0N_0+P_1N_1$

如认购对象仅有大股东，则大股东从定向增发中所获得的收益如下：

定向增发前大股东在上市公司的价值为：$v=\alpha V_0=\alpha P_0N_0$

定向增发后大股东在上市公司的价值为：

$$v_1=\frac{\alpha N_0+\beta N_1}{N_0+N_1}\ (P_0N_0+P_1N_1) \tag{4-1}$$

则因参与定向增发认购给大股东带来的价值变化为：

$$\Delta v=\frac{\alpha N_0+\beta N_1}{N_0+N_1}\ (P_0N_0+P_1N_1)-\alpha P_0N_0-\beta P_1N_1$$

整理后化简为：

$$\Delta v=\frac{N_0N_1}{N_0+N_1}\ (\beta-\alpha)\ (P_0-P_1) \tag{4-2}$$

机构投资者因参与定向增发认购在上市公司所占价值为：

$$v_2=\frac{(1-\beta)N_1}{N_0+N_1}\ (P_0N_0+P_1N_1) \tag{4-3}$$

由化简后的公式（4-2）可知：

（1）当 $\beta=1$ 时，即表示仅向大股东发行，则大股东若想在定向增发中获得增发收益，需有 $P_0\geqslant P_1$，即增发前的股票价格必须大于发行价，增发必须折价发行大股东才可以获益。

（2）当 $0<\beta<1$ 时，表示既有大股东认购又有机构投资者认购，此时 $\Delta v\geqslant0$ 的充分条件是：

$$\beta>\alpha \text{ 且 } P_0>P_1 \tag{4-4}$$

$$\beta<\alpha \text{ 且 } P_0<P_1 \tag{4-5}$$

由条件（4-4）可知大股东若想在定向增发中获得增发认购收益，需折价发行，且大股东认购比例要大于原持股比例。解读化简后大股东财富变化公式（4-2）可知，其在实际定向增发中的经济含义为，假定由于过度折价产生 1 元的财富转移，则大股东会因参与认购获得 β 元，但由于其原有持股比例为 α 故也会因定向增发损失 α 元，最终会获得 $\beta-\alpha$ 元收益。在折价发行的条件下，大股东的认购收益还与原持股比例与认购比例的差额有关，且折价程度相同时，持股比例与认购比例差越大财富转移程度越大；同理可知，原持股比例与认购比例的差相同时，折价程度越大，大股东所获得的增发收益越大。可见，折价水平、大股东认购比例与原持股比例之差共同决定大股东在定向增发中所获收益的多寡。

而条件（4-5）则表示定向增发溢价发行，且大股东认购比例要小于原持股比例，大股东才能在定向增发中获得增发收益。

(3) 当 $\beta=0$ 时为仅向机构投资者发行的情况，此时机构投资者因参与上市公司定向增发而获得的上市公司财富为：

$$v_2=\frac{N_1}{N_0+N_1}(P_0N_0+P_1N_1) \tag{4-6}$$

由公式 (4-2) 可知，此时大股东的财富减少额为：

$$\Delta v=\frac{\alpha N_0N_1}{N_0+N_1}(P_1-P_0) \tag{4-7}$$

即大股东的股权利益因未能参加定向增发认购而被稀释，除非溢价发行，否则大股东的利益定会受损失。但在现实情况下，大股东会出于对机构投资者利益补偿的考虑折价发行。

此外，中小投资者由于不能参与定向增发，因此其在上市公司的财富受到损失，而且他们的损失部分正好对应定向增发参与者的财富增加部分，即大股东与机构投资者因参与定向增发的财富增加值与中小投资者的持股比例的乘积正好为中小投资者的财富损失部分。

由于上述分析，是建立在各相关利益主体信息完全对称的条件下。但实质上大股东在定向增发定价过程中掌控着绝对的主导权，中小股东除了被动接受别无他选。可见中小股东不仅无法参与定向增发，无力主导发行价格的制定，在定价环节遭受损失，而且在信息不对称的条件下，当大股东以资产注入的形式参与定向增发时，中小股东同样还无法甄别注入资产与上市公司经营的相关性、资产质量的高低，在资产定价环节同样以大股东为定价主导，大股东可以凭借自身得天独厚的信息优势预先对注入资产的情况了如指掌，以此决定是否要与机构投资者结盟将劣质资产换装后注入上市公司。当以次充好在定向增发中成定局时，毫不知情的中小投资者因为没有话语权利益又一次在资产定价中利益遭受损失。可能从短期而言，市场无法及时识别出有利益操纵倾向的定向增发，但从长期而言，以"圈钱"为目的的定向增发行为总会为市场所辨别出来，中小投资者以脚投票做出自己的选择，对上市公司通过定向增发进行利润操纵的行为进行惩戒。因此，从长远来看大部分上市公司不会做出这样短视的行为，大股东虽然在增发定价中处于绝对的主导地位，但机构投资者的加入对其也有一定的监督与制衡作用，大股东会权衡利弊，综合考虑参与定向增发与未能参与定向增发的中小股东等利益相关者的利益，做出一个让各方可以接受的增发价格。可见，定向增发的定价过程是相关利益方不断博弈，以实现利益均衡的过程，换言之至少从形式上实现利益均衡，但由于中小投资者与大股东、机构投资者与大股东在话语权上的不对等性，在现实中的均衡并非真正意义上的均衡，只是平衡利益相关者的一种"伪"均衡。

从上述理论分析可知，在信息不对称的现实情况下，上市公司定向增发定价普遍呈现出低价发行的特征，且由于认购对象不同需权衡的定价因素不同，以及在认购对象的利益均衡共同作用下，定价高低会存在一定差异。因此假设：

H1：我国定向增发中存在低价发行现象，当大股东参与认购时，认购比例越高时，折扣率越高。

4.1.2 定向增发定价与代理理论

定向增发最早的实证研究从代理理论的监督效应和信息不对称理论展开。弗鲁克（1989）认为私募发行后，控股股东的所有权会增加，与公司的利益目标更加一致，对管理层有效监督的动力会更强，而且通过私募发行将有动力和监控能力的积极投资者引入公司，进而降低对经理人的监督成本。但参与认购的投资者对公司管理层的监督行为需要耗费大量的成本，而低价发行是对投资者参与定向增发认购所付出监督成本的补偿（Hertzel and Smith，1993）。大股东参与定向增发时当认购比例与原持股比例的差值越大，对管理层监督动机越强，监督成本也越高，相应要求的折扣率越大。监控假说理论源于代理理论的利益协同效应，认为相对于中小股东而言，参与定向增发认购的投资者无论是实力还是获取信息的能力均优于中小股东，他们会积极对管理层进行监控，认购折价就是对他们监控成本的补偿。

同时由于定向增发发行新股存在锁定期限制，锁定期内流动性不足会带来相应的不确定风险，因此参与定向增发的投资者会要求一定的流动性补偿（Silber，1991）。加之我国定向增发锁定期至少为 12 个月，而对大股东及大股东关联方增发时，锁定期为 36 个月，相比国外非公开增发 6 个月的锁定期要长很多，超过了一个财务年度，较长的锁定期限制，大股东所承担的流动性风险也越大，投资者需要通过加强对公司监督才能从确保二级市场获利。在监督成本与流动性补偿的综合作用下，大股东原持股比例与认购比例之差越大，要求的折扣补偿越大。因此我们假设：

H2：大股东原持股比例与认购比例的差值与折扣率存在负的相关关系。

4.1.3 定向增发定价与信息不对称理论

对定向增发折扣率的另一种解释源于信息不对称理论中的信息确认效应。由于信息不对称和逆向选择风险的存在，赫茨尔和史密斯（Hertzel and Smith，1993）认为由于外部投资者与管理层的信息不对称问题，新进投资者需要花费投入较大的信息搜寻成本去识别企业真实的经营状况、发展前景和募资意图等信息，而且信息不对称的程度越大，投资者付出的信息搜寻成本越高，因此非公开发行折价是对参与定向增发的投资者所花费的信息搜寻成本的补偿。同时，非公开发行传递了公司拥有较好的发展前景，表明了认购者对公司经营状况、投资前景的认可，向市场传递了积极的信号，降低了信息不对称程度，减少了企业价值被低估的可能性，因此参与认购投资者也理应获得折价补偿。赫茨尔和史密斯（1993）扩展了迈尔斯和马吉勒夫（1984）逆向选择假说，认为当公司的不对称信息程度高的时候会选择私募发行，因为只有专业的投资者才有能力有实力去获知公司真实的价值，因其付出了信息搜寻成本，会从发行折扣中得到补偿，而且折扣率和信息不对称程度有较强的相关性，公司未来价值的不确定性程度越高，折价越高。赫茨尔和史密斯用发行股本规模，账市比等变量作为信息不对称的代理变量，认为信息不对称的程度越高，折扣率要求越高。我们假设：

H3：折扣率与信息不对称程度相关，信息不对称程度越大，信息确认补偿要求越高。

4.2 研究变量选择和模型设计

本研究涉及的样本主要来源于2006年1月1日~2013年12月31日在深市、沪市A股成功进行定向增发的上市公司。采用成功实施定向增发的上市公司数据共计1168次，在进行样本研究前，本书对样本进行如下处理：（1）剔除金融行业公司19家；（2）合并定向增发两次以上的公司，且仅保留与第二次增发间隔大于一年以上的样本，剔除291次增发；（3）剔除不完整交易数据的公司。最终得到835个样本，并对所有变量进行WINSORIZE处理，小于1%分位数与大于99%分位数的变量分别等于1%分位数与大于99%分位数。初始数据来源于Wind（万得）金融数据终端数据库和CSMAR（国泰安）数据库（香港理工大学和国泰安信息技术有限公司合作出版），其中需要手工搜集的数据依据上市“非公开发行情况报告书”整理而得。

4.2.1 分类设计

借鉴陈政（2008），张鸣和郭思永（2009）的研究方法将样本分为两类：大股东认购比例大于零小于增发前的持股比例，则股权被稀释，即归为股权分散样本；大股东认购比例高于增发前持股比例，股权趋于集中，归类为股权集中样本。

4.2.2 研究变量

由于我国普遍存在内幕交易和公告前的股价操纵，且定价基准日的选择不一而足，从 Wind 金融数据库中的“上市公司定向增发基本信息表”可知，定价基准日有董事会决议公告日、股东大会决议公告日、发行日首日以及其他等多种不确定类型，存在较大的调整空间。定价基准日选择的标准不同，依据定价基准日所计算的折价率的可靠性、可比性自然会打折，为确保研究论证过程的严谨性和论证结果的可比性，我们参考白等（Baek et al.，2006）的做法，统一将定向增发公告日当天的收盘价作为基准价，发行价为定向增发认购价格。

$$\text{折扣率} = (\text{基准价} - \text{发行价}) \div \text{基准价} \tag{4-8}$$

其中基准价为发行公告日当天收盘价，如若定向增发发行公告当日停牌，则用穷尽的方法追溯到距离事件日最近的一个交易日。

研究变量如表 4-1 所示。

表 4-1　研究变量

变量名	变量定义
Discount	折价率按发行公告当日收盘价计算
Bigbuy	大股东认购比例
Tunnel	定向增发前大股东持股比例与大股东认购比例之差
BM	账市比（book-to-market）
Lev	上市公司定向增发前一年年末资产负债率
Lnsize	定向增发前公司总股本的自然对数
Proceed	定向增发募集资金的自然对数

4.2.3 变量统计描述

定向增发折扣率统计如表 4-2 所示，折扣率按股权集中度分类时（即大股东认购比例大于增发前大股东持股比例的为股权集中，否则为股权分散），股权集中样本的折扣率均值大于股权分散样本折扣率；按大股东是否参与认购分类时，大股东参与认购的折扣率均值、中位数均大于大股东不参与认购样本；将样本进一步精简细分，只保留大股东认购、机构投资者认购、二者均参与认购这三种类型时，统计结果表明大股东认购样本折扣率均值中位数最高，其次为机构投资者，最低的为大股东和机构投资者认购类型。可见，股权集中度增加或大股东参与认购时，大股东会表现出较强的低价发行倾向。

表 4-2 折扣率统计（按发行对象）

类型	N	均值	中位数
股权分散	76	0.215	0.189
股权集中	750	0.234	0.227
Total	826	0.232	0.225
大股东不参与认购	372	0.229	0.220
大股东参与认购	454	0.235	0.235
Total	826	0.232	0.225
大股东	164	0.251	0.289
机构投资者	205	0.226	0.198
大股东和机构投资者	136	0.208	0.201
Total	505	0.229	0.220

注：以上数据均取自 Wind 金融数据库。

4.2.4 模型设计

认购对象、大股东认购比例以及信息不对称程度可能是定向增发定价过程中的重要因素。根据上述理论分析可知，信息不对称导致定向增发定价时存在时机选择问题，且信息不对称程度越高，巧妙的时机选择越会使定向增发低价发行水到渠成、不留痕迹。由描述性统计结果分析可知定向增发时只有大股东认购时，增发价格水平最低；只有外部机构投资者参与认购时，认购价格水平居中；而即面向大股东又面向机构资者时，增发价格水平最高。由此，我们引入大股东认购比例、大股东增发前后持股比例与认购比例之差以衡量大股东在增发发行定价中发挥的作用。构建如下模型来验检 H1，H2 发行对象、信息不对称程度对定向增发定价的影响程度：

$$Discount = \alpha_0 + \alpha_1 Bigbuy \mid Tunnel + \alpha_2 BM + \alpha_3 Lev + \alpha_4 Lnsize + \alpha_5 Proceed + \varepsilon$$

Discount 为定向增发发行折扣。

Bigbuy 为大股东在定向增发中的认购比例。

Tunnel 为大股东原持股比例与认购比例之差，来衡量大股东财富转移（参考张鸣，郭思永，2009）。

BM 是衡量信息不对称程度的指标（Hertzel and Smith，1993）。信息不对称的程度越大，信息搜寻成本越高。*BM* 值越大，衡量公司的价值相对比较容易，需要花费的成本越小，信息不对称程度越低，反之则越高（朱红军，2007）。

Lnsize、*Lev*、*Proceed* 分别为定向增发前公司总股本的自然对数、定向增发前

资产负债率、定向增发募集总资金的自然对数。

综上所述，根据前述数理分析及描述性统计结果分析，我们可以预期大股东认购比例（*Bigbuy*）与折价率（*Discount*）正相关，即大股东认购比例越大，定向增发折价越大；*Tunnel* 与 *Discount* 负相关，即大股东增发前持股比例与认购比例差值越大，隧道效应越明显，大股东低价发行的动机越充分；账市比（*BM*）与折价程度（*Discount*）负相关，即信息不对称程度与定向增发折价程度成反比。

4.3 实证分析

4.3.1 折扣率与发行特征的相关系数表

从相关系数分析表 4 - 3 来看，折扣率与大股东认购比率 *Bigbuy* 正相关，相关系数为 0.095，在 10% 的水平显著；与 *Tunnel* 负相关，相关系数为 -0.103，在 5% 的水平显著；与 *BM* 负相关，相关系数为 -0.102，在 1% 统计水平显著；与增发前的股本规模 *Lnsize* 负相关，相关系数为 -0.120，在 1% 统计水平显著。

表 4 - 3 折扣率与发行特征的相关系数表

	Discount	*Bigbuy*	*Tunnel*	*BM*	*Lev*	*Lnsize*	*Proceed*
Discount	1						
Bigbuy	0.095*	1					
Tunnel	-0.103**	-0.920***	1				
BM	-0.102***	0.106*	-0.0001	1			
Lev	0.055	0.193*** *	-0.178*** *	0.352***	1		
Lnsize	-0.120***	0.115**	-0.043	0.283***	0.239***	1	
Proceed	0.007	0.191*	-0.111**	0.132***	0.244***	0.540***	1

注：*、**、*** 分别表示在 10%、5%、1% 的统计水平显著；VIF 值均小于 5，说明不存在多重共线性问题。

4.3.2 定向增发折扣率回归分析

表 4 - 4 多元回归结果表明，大股东认购比例和信息不对称程度是影响定向增发定价选择的重要因素。其中，以大股东认购比例（*Bigbuy*）为自变量的回归结果显示，大股东认购比例与折扣率正相关，相关系数为 0.079，且在 10% 的统

计水平上显著，说明大股东在定向增发中的认购比例是解释低价发行偏好的重要因素，与预期一致，假设 H1 成立。

表 4 - 4　　定向增发折扣率回归分析

	(1) *Discount*	(2) *Discount*
Bigbuy	0.079 * (1.75)	
Tunnel		-0.112 *** (-2.80)
BM	-0.278 *** (-3.67)	-0.286 *** (-3.81)
Lev	2.716 (0.32)	1.758 (0.21)
Lnsize	-0.037 (-1.58)	-0.033 (-1.43)
Proceed	0.010 (0.47)	0.008 (0.39)
_cons	0.863 ** (2.20)	0.828 ** (2.13)
N	365	365
F	5.367	6.385
Adj R^2	0.057	0.069

注：括号内为 *t* 值；***、**、* 分别表示在 1%、5%、10% 的统计水平上显著。

在以大股东增发前持股比例与大股东认购比例（*Tunnel*）之差为自变量的回归结果中，折扣率与大股东增发前持股比例与认购比例之差（*Tunnel*）负相关，相关系数为 -0.112，且在 1% 的统计水平上显著，与预期一致，假设 H2 成立。

在以大股东认购比例（*Bigbuy*）和大股东原持股比例与认购比例之差（*Tunnel*）为自变量的两个模型中，定向增发折价与信息不对称因素账市比在 1% 的水平上显著负相关，相关系数分别为 -0.278 与 -0.286，充分说明信息不对称程度越高，定向增发的折价越高，信息不对称是解释定向增发市场中的低价发行现象不容忽视的关键因素，与预期一致，假设 H3 成立。

定向增发折价程度与控制变量定向增发前一年末的资产负债率（*Lev*）正相关但不显著，说明负债水平越高，折价率越高；折扣率与定向增发前总股本的自然对数（*Lnsize*）负相关但不显著，侧面说明信息不对称因素对折扣率有影响；定向增发募集资金的自然对数（*Proceed*）与定向增发折价负相关，说明发行规模越大，折价率相应要求也会越高，可以用来部分解释定向增发低价发行现象。

4.4 稳健性检验

在折扣率的计算中不同基准价格的选择会产生不同的结果，为确保回归结果的稳健性，本书又重新选择了不同基准价格来计算折扣率即以增发公告前一日，以及后一日的收盘价作为基准价格，用以验证定向增发低价发行偏好及折扣率所反映的监督效应及风险补偿效应。折扣率的计算公式如下：

$$折扣率 =（基准价 - 发行价）\div 基准价$$

其中：基准价分别取增发公告前一日的收盘价（*Clsp_pre*）及增发公告日后一日的收盘价（*Clsp_post*），生成 *Discount_pre* 及 *Discount_post* 作为折扣率的替代变量。

采用替代折扣率后的回归结果与表 4 - 4 的结果仍然保持一致，与主要的解释变量大股东认购比例（*Bigbuy*）显著正相关，与大股东增发前持股比例与大股东认购比例之差（*Tunnel*）显著负相关，并且与其他变量的相关性及显著水平也均保持一致。因此，折扣率的回归结果是高度稳健的，为定向增发的低价发行偏好提供了有利的证据。

4.5 本章小结

信息不对称和代理理论是国内外学者研究定向增发定价问题的两个基本视角。本章首先从定向增发中大股东、机构投资者及中小股资利益均衡数理分析角度探讨三者共同作用下的定向增发定价中大股东获得增发收益的条件。定向增发定价的实质是原股东与参与增发股东的利益分配问题。但归根到底还是在大股东主导下依据双方的实力制定出利于双方的发行价，因双方目标利益不同，在均衡过程中会有一定程度的折中。综合考虑影响定向增发定价的各种因素：监督成本、管理者防御、信息搜寻成本、风险补偿，处于信息优势和股权优势地位的大股东会权衡利弊，尽可能地选择较低的发行价格，以最低的成本获取最大的定向增发收益。在信息不对称的现实情况下，上市公司定向增发定价普遍呈现出低价发行的特征，而且大股东参与定向增发时当原持股比例与认购比例的差值越大，对管理层监督动机越强，监督成本也越高，相应要求的折扣率越大。

实证检验部分，分别以大股东认购比例（*Bigbuy*）、以大股东增发前持股比例与大股东认购比例之差（*Tunnel*）为自变量，检验大股东参与定向增发对定价的影响，以账市比（*BM*）作为信息不对称的替代变量，验证信息不对称程度与折扣率的影响。结果表明，大股东持股比例越高，增发前持股比例与认购比例之差越大，在大股东与中小股东的利益目标差距越大，相应的折价率也越高。可见当大股东认购比例与低价发行有着很大的关联，但从监控假说、信息不对称假说、风险补偿角度分析，大股东在定向增发中参与程度越高，不确定性也越大，显而易见对发行价格会有补偿要求。

第 5 章

上市公司定向增发的市场反应研究

定向增发的市场反应研究尤其是增发后短期市场反应研究不胜枚举，我国的定向增发与国外的私募发行很类似，长期以来私募一直是股权再融资的主要方式之一，并得到了理论界与实务界的广泛关注，由于私募发行在国外盛行已久，因此积累了丰富的理论研究成果，许多的研究文献对私幕发行的短期公告效应进行了研究，发现了私募存在正的公告效应。国内部分的研究结果也发现定向增发存在较高的公告效应，并认为公告效应越高则表示公司具有较强的长期收益率，但由于我国定向增发的审核期长，实施区间较大，从预案公告至发行公告市场会发生许多的变化，一定程度上会减弱增发公告日的宣告效应，因此对于我国资本市场定向增发公告效应的研究区间应与国外现有研究有所不同，应考虑将研究区间前移扩展至预案公告日，充分比对预案公告日前后的内幕交易行为与公告效应，以及增发公告日前后的短期公告效应，才能对短期公告效应得出较为翔实全面的结论。另外，究其本质内幕交易和公告效应是短期市场反应，只能部分显示出投资者对定向增发行为乐观与否，但两者与长期收益率是否相关，是否能在一定程度上与增发后公司长期收益率、长期市场表现相关，现有的研究成果还较为匮乏。

5.1 定向增发市场反应的理论分析及研究假设

5.1.1 短期宣告效应的理论分析

国外大量的研究表明，美国上市公司宣告私募发行时，短期内上市公司的股价会有正面效应，如弗鲁克（1989），赫茨尔和史密斯（1993）。但由于资本市场发展程度与制度背景不同，不同的制度下定向增发宣告效应可能呈现出完全相反的结论，例如，新加坡股票发行制度规定，股票不能够出售给公司高管及原有股东，那么增发后原股东股权必定被稀释，无疑向市场传递出一个非常消极的信号。一些学者根据詹森和麦克林（1976）的代理理论对新加坡资本市场的发行异象进行了研究，结果表明新加坡股票的私募发行导致了负面的财富效应（Chen et al.，2002）。

由于以美国为代表的发达资本市场股权高度分散，因此根据迈尔斯（Myers，1984）的优序融资理论，私募发行向外部投资者传递了一个利好信息，因此在宣告后得到了市场积极的正面回馈。而新加坡资本市场应归属于新兴资本市场，因股权相对集中而产生的控股股东与中小股东的代理问题则成为主要矛盾的主要方面，且由于新加坡特殊的制度约束，外部投资者很容易通过这一严苛的增发约束识别出控股股东增发后股权被稀释这一经济后果，稀释的股权减弱了原有控股股东及管理层的监管动力，进而可能会损害中小投资者的利益，因此导致新加坡资本市场上出现了负的宣告效应。

我国虽与新加坡同属新兴资本市场，股权相对集中，控股股东与中小股东的代理问题较为突出，但由于制度背景、监管政策的不同，两者又会呈现出较大的差异。因此，需进一步检验我国的定向增发宣告效应是体现了优序融资理论，通过增发向市场传递积极信号，表现出正向的信号传递效应，还是以体现了大股东较强的掏空动机，验证了代理理论。

国内的研究方法与国外大致相同，集中于对预案公告日前后超额累计收益率的研究，但所选取的发行特征分类、计算区间不同，所得到的CAR值也会有所不同。章卫东（2008）将发行对象分为全部向大股东或者关联股东的定向增发、部分向大股东或关联股东定向增发、向非关联股东的定向增发三种类型，并使用发行规模、资产负债率等变量验证了向大股东或者关联股东定向增发的宣告效应最好。也有研究发现控股股东股权集中样本存在负的公告效应，而控股股东股权分散的公司存在正的公告效应，因而向关联股东增发对象的公告效应低于非关联股东的公告效应（王翠、贺柳，2009）。我们假设：

H1：上市公司宣告定向增发会有显著正的公告效应。

5.1.2 基于信息确认视角研究定向增发公告效应

根据迈尔斯和马吉勒夫（Myers and Majluf，1984）优序融资理论，内源融资主要来源于企业内部自然形成的现金流，由于内源融资源自于企业内部财富积累形成的现金流，当企业拥有好的投资机会时，内源融资是首选的融资方式，即使内源积累不足需要进行外源融资时，也应首选债务融资，最后才选择股权融资。根据信息不对称理论，由于外部投资者很难也没有精力通过公开的数据了解企业内部经营管理情况，与内部管理者存在严重的信息不对称，因此当企业向大股东或者获取信息能力更强的更为专业的特定机构投资者筹集资金时，往往会被投资者视为“利好”的信号，定向增发的宣告应该伴随着正的市场反应。赫茨尔和史密斯（Hertzel and Smith，1993）研究发现相比中小投资者，大股东或者机构投资者有明显的搜集和处理信息优势，大股东认购比例与宣告效应存在正的相关关系，证明了大股东定向增发具有信息确认效应。章卫东（2008），徐寿福（2010）研究结果表示事件日前超额收益率与大股东认购的相关性大于机构投资者。可见由于大股东参与定向增发存在更强的信息确认和传递效应，大股东认购比例与预案公告日后的超额收益率应存在显著的正相关；而机构投资者参与定向增发认购具备监督效应、信息确认与传递效应，因此机构投资者参与认购对内幕交易应有抑制作用，与公告日前的超额收益率负相关，因此，我们假设：

H2：预案公告日后的超额收益率与大股东认购比例正相关。

H3：预案公告日前的超额收益率与机构投资者认购负相关。

5.1.3 基于监督效应、支持效应研究长期收益

我国属于新兴资本市场，公司治理的主要问题是大小股东的利益冲突问题。当大股东和中小股东利益目标不一致时，上市公司做出的融资决策极有可能产生大股东侵占中小股东利益的问题。大股东参与定向增发大股东持股比例增加，则增加了大股东对经理层的监督能力，也增加了大股东利益侵占能力；大股东持股比例的稀释，则说明引入了外部投资人，增加了机构投资者的监督能力。

相比中小投资者，机构投资者作为持股比例较大的外部投资者，拥有很强的专业优势以及资源优势来监督管理层，积极参与到公理治理中。但根据有效监督假说只有持股比例较高的机构投资者才有足够的动力去尽职地行使监督权。利益冲突和战略结盟假说意味着机构投资者在公司治理中除了是监督者还可能成为利益攫取者，当其目标利益函数与中小投资者不同时，就不能成为有效监督者，甚至转而与大股东合谋，共同侵害其他外部股东的利益。因此，在上市公司实施定向增发的过程中，机构投资者是有效的监督者还是与大股东合谋仅从增发定价的研究中还无法得出确切的结论，应结合增发后的经济后果来分析。

定向增发要求一定的锁定期，大股东参与定向增发要求大股东所认购股份36个月不得买卖和转让，同时机构投资者认购股份的锁定期为12个月，严格的锁定期限制使得大股东和机构投资者与上市公司的利益绑定在一起，增强了其监督动力，通过较好的公司业绩才能保证其投资回报率。因此，从监督效应和支持

效应角度来看，大股东认购比例越高，发行规模越大，支持效应越显著，定向增发后长期收益率越高；而机构投资者认购比例越高，发行规模越大，机构投资者监督动力越大，则定向增发长期收益率应也越高。因此我们假设：

H4：定向增发后的长期收益与大股东认购比例正相关。

H5：定向增发后的长期收益与机构投资者参与认购正相关。

5.1.4　定向增发短期宣告效应与长期收益的相关性理论分析

关于私募发行后的短期公告效应，国外已积累了丰硕的理论成果，但短期宣告效应与长期收益的相关性研究，在不同的资本市场与制度背景下会得出不同的结论。因此，定向增发的短期宣告效应与增发后长期收益的相关性分析也是我们重点研究的问题。

国外已有研究发现，公告前3天的超额累计收益率为2%，较高的宣告效应是未来较好业绩预期的反应（Hertzel and Rees，1998）。如果分别按月、按年计算业绩增长，研究两者作为市场反应代理变量时与事件窗口期CAR值的关系，则发现超额累计收益与按月计算的业绩增长显著正相关，但与按年计算的业绩增长的相关关系不显著，因此可以认为定向增发短期正的市场反应仅表示市场预期（Goh，Lee，Liu，1999）。克拉克等（Clarke et al.，2009）研究发现上市公司如果完成公开增发，内幕交易与长期收益的相关性很显著，反之与增发提案至取消期间的市场反应相关。伊斯利和奥哈拉（Easley and O’Hara，1987）认为不知情的投资者有部分理性特征，当投资者观察到市场的变动后，会随时根据市场情况调整投资计划。因此当他们发现存在严重的内幕交易时，会选择用脚投票，进而导致股价下跌，公告效应会下降。卡尔（Kahle，2000）虽然没有发现内幕交易与长期收益的相关性，但是其研究结论表明一些存在净卖出的公司长期业绩表现并不好，间接证明内幕交易与长期收益率之间的相关关系。因此，我们不能只孤立地研究预案公告日、增发公告日前后的市场反应，还应关注短期市场反应与长期收益率的相关关系，即预案公告及增发公告的市场反应能否在一定程度上体现长期收益率，才能较完整的体现定向增发市场反应的脉络，寻求出最受市场欢迎的定向增发模式，甄别出以掏空为目的的增发方式并从政策上加以约束监管。

从国内已有的研究文献对内幕交易研究时，大多将事件日前的CAR作为内幕交易程度的代理变量（祝红梅，2003；陈阳，2007）。基于以上理论分析，我们假设：

H6：定向增发后的长期收益率与预案公告前的超额收益负相关。

5.2 研究变量选择和模型设计

5.2.1 事件日的确定

根据《办法》可知上市公司定向增发的关键时间点为：股东大会决议公告日、预案公告日、增发公告日、股份变动日、增发上市日等。预案公告是董事会首次系统地向股东公布增发相关信息，而且大部分预案公告日与董事会决议日是同一天；增发公告是首次向外部股东全面披露增发的融资情况和股权变动情况，增发公告的发布标志着增发的顺利完成。

综观国内现有研究可发现，对于事件日的选择方法略显单薄且有些未能选取到关键的时间点，有些学者单一选取发行公告日作为事件日如沈洪涛等（2003），有些学者则以股会大会决议公告日作为事件日如胡乃武等（2002），或是以董事会公告日作为事件日如刘力等（2003）、王汀汀（2006）等。可见以往研究对事件日的选取比较单一，与上市公司增发相关的主要时间点因定向增发审核程序的影响，可能会间隔较长的时间，单一选择一个事件日作为研究窗口可能会有所偏颇，遗漏掉重要的事件窗口，及与其相关的连锁市场反应。因此为了尽可能全面地捕捉到我国定向增发过程中主要的市场反应，本章将重点研究上市公司首次宣告定向增发事件的预案公告日及预示着定向增发成功发行的增发公告日这两个关键事件日前后的长短期市场反应。定向增发实施过程中，董事会的预案公告在股东大会一般都会通过，证监会的批准是增发申请能否成功的标志，许多未能成功的增发申请在这一环节止步。因此相对而言预案公告日对公司的股票价格的影响更大，可以反映投资者对上市公司定向增发的信心及预期，因此选择预案公告日作为事件日，研究定向增发公告后的短期市场反应；增发公告日是定向增发正式对外宣布实施的最重要的时间，因此必须予以考虑。我们以增发公告日为基准日分别研究定向增发发行后的长期收益率。

5.2.2 研究变量

（1）因变量的选择。

长期以来，国内外的学者对于市场反应的关注度一直很高，究其主要原因在于异常回报率计算的复杂度，不同的计算方法可能产生不同的实证结果。作为事件研究的开山之作，在法玛等（Fama et al.，1969）股价对新信息调整的文章中将 *AR* 与 *CAR* 作为衡量长期异常回报率的方法。在此后很长的时间内，*CAR* 值作为衡量短期收益的指标一直为后来者所沿用，历经了时间的考验。

但由于在 CAR 值计算过程中已暗含了匹配标准的选择，在较长的事件期内用做长期异常回报的衡量标准会出现“向上或向下的偏差”（Conrad and Kaul, 1993），因此学者们开始用一种新的、更稳定的连乘指标购买持有异常收益率（BHAR）作为 CAR 的替代变量。

因此，本书选择累计异常回报率（CAR）作为衡量定向增发后短期公告效应的指标，用购买持有超额收益（BHAR）作为长期市场收益的衡量指标。本章主要研究定向增发短期公告效应、长期收益率以及短期公告效应与增发后6个月、9个月、12个月以及36个月长期收益率的关系。那么选择预案公告日前20天超额累计收益率 CAR(-20, -1) 作为内幕交易的代理变量用 CARintr 表示、选择预案公告日后20天超额累计收益率 CAR(1, 20)，增发公告日后20天超额累计收益率 CAR (1, 20) 作为公告效应的代理变量分别以 CARanno，CARppanno 表示；以预案公告日至发行公告日区间的购买并持有的超额收益率 BHARplpp，持有期收益 BHRplpp 为预案公告后短期收益率的代理变量；选择发行后3个月、6个月、9个月、12个月以及36个月的购买持有超额收益，在文中分别以 BHARlockup3，BHARlockup6，BHARlockup9，BHARlockup12，BAHRlockup36 表示，持有期收益 BHRlockup3、BHRlockup6、BHRlockup9、BHRlockup12、BHRlockup36 发行日至解禁日超额收益，持有期收益作为长期收益率代理变量，其中 CAR 和 BHAR 计算方法分别如下：

CAR 的计算使用市场模型，即：

$$AR_{j,d} = R_{j,d} - \widehat{\beta_j} \times R_{m,d} \tag{5-1}$$

$$CAR_j = \sum_{d=1}^{t} (R_{j,d} - \widehat{\beta_{j.}} R_{m,d}) \tag{5-2}$$

首先对股票分别属于上市或者深市采用上证综合指数或者深证综合指数作为参考指数，采用定向增发当年的数据，按市场模型 $R_{j,d} = \alpha_{j,d} + \beta_{j,d} \times R_{m,d}$，分别求出有定向增发事件的每个公司增发当年按市场数据估计的贝塔系数 $\widehat{\beta_j}$，其中，$R_{j,d}$为考虑现金分红再投资的个别日收益率，$R_{j,d}$为第 d 日考虑现金红利再投资的A股分市场日市场回报率。

以预案公告日作为事件日，若该股票当日停牌，则以预案公告后开盘第一天作为第1日，分别求出预案公告日前后20天超额累计收益率 CAR(-20, -1)，CAR(1, 20)。

通过 $AR_{j,d} = R_{j,d} - \widehat{R_{j,d}}$计算第 j 只股票第 d 天的超额收益率 $AR_{j,d}$。其中（-20, -1）的超额收益表示定向增发信息未公布前的市场反应，即内幕交易程度；CAR(1, 20) 预案公告后的时间段的超额累计收益表示信息公告后市场反应，也被称为公告效应。最后通过 $CAR_{j,d} = \sum AR_{j,d}$计算第 j 股票超额累计收益率。

同时，反映出认购对象不同时市场反应的差异，还以认购对象作为分类标准分别计算出文中所定义的内幕交易、预案公告后公告效应以及增发公告后的公告效应这三种不同时间段内的超额收益以及超额累计收益的均值 AAR、$CAAR$，得到第 j 只股票的 AR 后，按不同的时间段预案公告前后 20 天，增发公告后 20 天以及不同的认购对象，分别算术平均得出大股东、机构投资者、大股东和机构投资者在相应时间段内的平均异常收益 AAR 和平均累计超额收益 $CAAR$，计算方法如下：

$$AAR_d = \frac{1}{N} \sum_{i=1}^{N} AR_{jd} \tag{5-3}$$

$$CAAR_{(d1,d2)} = \sum_{d=d1}^{d2} AAR_d \tag{5-4}$$

采用 $BHAR$ 计算的长期超额收益率和 BHR 方法计算持有期收益率作为长期收益率变量。其中 $BHAR$ 和 BHR 的计算方法分别为：

首先，计算公司 j 在区间（t，T）内的购买并持有收益率，即持有期收益率：

$$BHR_{j,T} = \prod_{t=1}^{T} (1 + r_{j,t}) - 1 \tag{5-5}$$

然后，分别计算沪深综合指数在相同时间段的长期收益率，即：

$$BHR_{m,T} = \prod_{t=1}^{T} (1 + r_{m,t}) - 1 \tag{5-6}$$

最后，计算购买持有超额收益率：

$$BHAR_j = BHR_{j,T} - BHR_{m,T} \tag{5-7}$$

按照 $BHAR$ 法改变事件首日末日，分别计算（预案公告日，发行公告日），发行后 3 个月，6 个月，9 个月，12 个月以及 36 个月的持有期收益 BHR 和购买持有超额收益 $BHAR$。

（2）变量的选择及说明。

大股东或者机构投资者参与定向增发有信息确认效应，为研究大股东或机构投资者参与认购对定向增发长短期收益率的影响，选择大股东认购比例、机构投资者认购比例作为解释变量，以考察不同认购对象对定向增发后市场反应的影响，本书选择大股东是否参与认购的虚拟变量（*Bigsh* 为 1，表示大股东参与认购，否则为 0），大股东认购比例（*Bigbuy*），机构投资者认购比例（*Instbuy*），作为解释变量；

依据 Fama – French 三因素模型，对公司的规模效应和权益账面 – 市值比进行了控制，选择增发前资产规模以及权益账面 – 市值比（*BM*）作为控制变量。赫茨尔和史密斯（Hertzel and Smith，1993）认为 *BM*（book-to-market）比表示信息不对称的程度，*BM* 越低则表示被低估的程度越大，信息公告后市场反应越大；盖弗（Gaver，1993）的研究表明，账市比可以衡量企业未来的增长，账市比越大投资者越看好公司未来的成长机会。从公司未来价值来看，账市比越高则表明公司被低估程度越大，融资规模越大则表示公司长期成长机会越大；发行规模、融资规模则分别表示信息传递成本与投资机会。综上所述，选择账市比、增发前股本规模、融资规模作为信息不对称和信息传递的变量。

定向增发公告年份对定向增发影响也比较大，已有研究表明牛市中的定向增发公告效应大于熊市。因此如果上市公司在 2006 年、2007 年预案公告，则 $NS=1$，否则为 0。研究变量的含义及计算方法如表 5－1 所示。

表 5－1　研究变量

分类	参数	变量含义	计算方法
因变量/自变量	*CARintr*	*CAR*（－20，－1）	按市场模型计算的预案公告日前 20 天（－20，－1）的超额累计回报率
	CARanno	*CAR*（1，20）	按市场模型计算的预案公告日后 20 天（1，20）超额累计回报率
	CARppanno	*CAR*（1，20）	按市场模型计算的增发公告日后 20 天（1，20）超额累计回报率
	BHRplpp	*BHR*（预案公告日，增发公告日）	按 *BHR* 方法计算的第 i 只股票预案公告日至发行公告日的持有期收益率
	BHARplpp	*BHAR*（预案公告日，增发公告日）	按 *BHAR* 方法计算的预案公告日至发行公告日的长期超额收益率
	*BHRlockup*3	增发公告日后 3 个月的 *BHR*	按 *BHR* 方法计算的第 i 只股票发行公告日后 3 个月的持有期收益率
	*BHARlockup*3	增发公告日后 3 个月的 *BHAR*	按 *BHAR* 方法计算的发行公告日后 3 个月的长期超额收益率
	*BHRlockup*6	增发公告日后 6 个月的 *BHR*	按 *BHR* 方法计算的第 i 只股票发行公告日后 6 个月的持有期收益率
	*BHARlockup*6	增发公告日后 6 个月的 *BHAR*	按 *BHAR* 方法计算的发行公告日后 6 个月的长期超额收益率
	*BHRlockup*9	增发公告日后 9 个月的 *BHR*	按 *BHR* 方法计算的第 i 只股票发行公告日后 9 个月的持有期收益率
	*BHARlockup*9	增发公告日后 9 个月的 *BHAR*	按 *BHAR* 方法计算的发行公告日后 9 个月的长期超额收益率
	*BHRlockup*12	增发公告日后 12 个月的 *BHR*	按 *BHR* 方法计算的第 i 只股票发行公告日后 12 个月的持有期收益率
	*BHARlockup*12	增发公告日后 12 个月的 *BHAR*	按 *BHAR* 方法计算的发行公告日后 12 个月的长期超额收益率
	*BHRlockup*36	增发公告日后 36 个月的 *BHR*	按 *BHR* 方法计算的第 i 只股票发行公告日后 36 个月的持有期收益率
	*BHARlockup*36	增发公告日后 36 个月的 *BHAR*	按 *BHAR* 方法计算的发行公告日后 36 个月的长期超额收益率

续表

分类	参数	变量含义	计算方法
自变量	*Bigsh*	是否向大股东发行	是，1；否，0
	Inst	是否向机构投资者发行	是，1；否，0
	Bigbuy	大股东认购数量占发行总股数比例	大股东认购数量/发行总数
	Instbuy	机构投资者认购数量占发行总股数比例	机构投资者认购数量/发行总数
控制变量	*BM*	账市比（*book-to-market*）	
	Lnsize	增发公告日前总股本取对数	总股本取对数
	Fraction	定向发行股份占发行前总股本比例	发行总量/（发行总量+发行前总股本）
	NS	预案公告是否在2006年，2007年	是，1；否，0
	Clue	内幕交易是否大于公告效应	$CAR(-20, -1) > CAR(1, 20)$ 为1，否，0
	Sharech	股权集中度	大股东认购比例 > 增发前大股东持股比例为1，否则为0

5.2.3 研究样本

本章涉及的样本主要来源于2006年1月1日～2013年12月31日在深市、沪市A股成功进行定向增发的上市公司。为确保研究结果的有效性，在进行样本研究前，本书主要采用2006～2013年成功实施定向增发的上市公司样本数据共计1168次，依据研究目的对原始样本如下处理：（1）剔除金融行业公司；（2）对于连续两次以上进行的定向增发公司只保留第一次且与第二次增发间隔大于1年的样本；（3）仅保留认购对象为大股东、机构投资者，以及大股东和机构投资者样本，其中大股东认购对象含关联方；（4）仅保留认购方式为现金认购，或者仅资产认购，存在完整交易数据的样本；（5）增发期间无重大交易事项的样本。最终得到498个样本，并对所有变量进行WINSORIZE处理，小于1%分位数与大于

99%分位数的变量分别等于1%分位数与大于99%分位数。初始数据来源于Wind（万得）金融数据终端数据库和CSMAR（国泰安）数据库，其中需要手工获取数据从上市公司“非公开发行情况报告书”中摘录并加以整理，上市公司定向增发情况统计及新闻信息取自中国证券监督管理委员会网站、巨潮资讯。

5.2.4　变量描述性统计

5.2.4.1　从定价初始日至解禁日期间的收益统计

表5-2按发行对象统计，结果发现：

（1）从内幕交易预案公告前的超额累计收益来看，涉及大股东发行的内幕交易程度较高，仅向大股东发行的样本为8%，既向大股东又向机构投资者发行的内幕交易程度最低为4.29%，而仅向机构投资者发行的内幕交易程度较低为5.36%。

（2）从公告效应来看，既向大股东又向机构投资者发行股权分散样本的公告效应最低仅为1.49%，公告效应较低；仅向机构投资者发行的公告效应最高为14.76%。仅向大股东发行的公告效应为7.12%，说明大股东、机构投资者认购具有信息确认效应。

（3）从预案公告日至增发公告日的超额收益来看，发现涉及向机构投资者增发的样本，定向增发实施期间的超额收益率最高为28.33%，表明机构投资者参与定向增发向市场传递了积极的信号，市场对机构投资者参与认购较为认可。

（4）从发行后6个月、9个月、12个月和36个月长期收益的回归结果可以发现：随着时间的推进，仅向大股东或仅向机构投资者发行的样本，增发后12个月内的超额收益与既向大股东又向机构投资者增发的样本差距越来越大；而既向机构又向大股东定向增发的样本中，股权分散样本的超额收益要远好于股权集中散样本。仅向大股东发行的样本发行后36个月的超额收益率则最高，这与发行项目周期、大股东所持股份锁定期有关。

表5-2　　收益率统计：按发行对象分类

发行对象	大股东	机构投资者	大股东 & 机构投资者		
			总样本	股权分散	股权集中
统计指标	均值	均值	均值	均值	均值
CARintr	0.080	0.054	0.043	0.040	0.044

续表

发行对象	大股东	机构投资者	大股东 & 机构投资者		
			总样本	股权分散	股权集中
统计指标	均值	均值	均值	均值	均值
CARanno	0.071	0.148	0.015	0.025	0.011
BHARplpp	0.270	0.283	0.175	0.359	0.103
*BHARlockup*6	0.292	0.191	0.122	0.081	0.138
*BHARlockup*9	0.328	0.205	0.118	0.226	0.076
*BHARlockup*12	0.316	0.268	0.100	0.171	0.072
*BHARlockup*36	0.414	0.342	0.020	0.395	-0.041

注：上述数据来自 Wind 金融数据库和 CSMAR 数据库。

按投资者认购方式进行分类统计（见表5-3），并对现金认购样本按股权集中程度对收益率进行分类统计。

（1）定向增发预案公告前20天的超额收益来看，资产认购的超额收益率大于现金认购的样本；预案公告后20天的股权集中样本的超额收益大于股权分散样本；增发公告日后20天超额收益均值出现了负值。

（2）预案公告至发行公告期间，资产认购样本的持有期超额收益大于现金认购样本的持有期超额收益，且股权集中样本的超额收益大于股权分散样本。

（3）发行后12个月，资产认购样本在的持有期超额收益均大于现金认购样本，可能与资产认购样本锁定期为36个月有关。对现金认购样本按股权集中度分类时股权集中样本12个月持有期收益率大于股权分散样本，而且股权分散样本均值为负，这表明大股东认购且股权集中度增加时，大股东对上市公司的支持效应占主导地位。

（4）从发行后36个月的持有收益超额收益看，资产增发的样本显著高于现金认购样本，且现金增发样本中股权集中样本高于股权分散样本。这与资产认购36个月的锁定期有一定的关系，但也可以从另一个侧面说明在锁定期内大股东认购股权集中，使支持效应占主导地位。

表5-3　收益率统计（认购方式）

样本	总样本	资产	现金认购		
			总样本	股权分散	股权集中
变量名	均值	均值	均值	均值	均值
样本数	498	145	353	44	309

续表

样本	总样本	资产	现金认购		
			总样本	股权分散	股权集中
变量名	均值	均值	均值	均值	均值
预案公告日前后					
CARintr	0.059	0.074	0.053	0.044	0.054
CARanno	0.088	0.072	0.095	0.278	0.069
增发公告日后					
CARppanno	-0.012	-0.028	-0.005	-0.017	-0.004
预案公告至增发公告期间					
BHARplpp	0.250	0.295	0.232	0.688	0.164
发行公告后1年间					
*BHARlockup*3	0.206	0.416	0.121	0.234	0.104
*BHARlockup*6	0.204	0.450	0.105	0.136	0.101
*BHARlockup*9	0.220	0.497	0.109	0.114	0.108
*BHARlockup*12	0.238	0.449	0.153	0.082	0.163
发行公告后3年					
*BHARlockup*36	0.282	0.497	0.168	0.221	0.163

内幕交易程度、预案公告日后及增发公告日后的公告效应分行业统计如表5-4所示，从统计结果可发现行业分类中发现，房地产行业内幕交易程度和公告效应均较高；采掘业、批发和零售贸易业内幕交易程度较高；传播与文化产业信息技术公告效应较高；其他行业的公告效应与内幕交易程度相比降低较多。

表5-4　短期公告效应统计表（分行业）

行业名称	变量名	样本量	均值	Min	Max
采掘业	*CARintr*	16	0.102	-0.276	0.506
	CARanno	16	0.079	-0.174	0.766
	CARppanno	16	-0.025	-0.170	0.260
传播与文化产业	*CARintr*	9	0.045	-0.276	0.217
	CARanno	9	0.159	-0.174	0.495
	CARppanno	9	-0.009	-0.372	0.438

续表

行业名称	变量名	样本量	均值	Min	Max
电力、煤气及水	*CARintr*	29	0.026	-0.102	0.253
	CARanno	29	-0.028	-0.314	0.212
	CARppanno	29	-0.032	-0.166	0.072
房地产业	*CARintr*	51	0.121	-0.388	0.877
	CARanno	51	0.153	-0.259	2.905
	CARppanno	51	-0.010	-0.425	0.483
建筑业	*CARintr*	16	0.015	-0.256	0.225
	CARanno	16	-0.016	-0.264	0.144
	CARppanno	16	0.016	-0.155	0.124
交通运输、仓储业	*CARintr*	16	0.045	-0.118	0.367
	CARanno	16	-0.007	-0.232	0.191
	CARppanno	16	-0.004	-0.128	0.220
农、林、牧、渔业	*CARintr*	9	-0.020	-0.438	0.134
	CARanno	9	0.041	-0.123	0.328
	CARppanno	9	-0.032	-0.219	0.206
批发和零售贸易	*CARintr*	29	0.101	-0.121	1.142
	CARanno	29	0.067	-0.151	0.802
	CARppanno	29	-0.033	-0.225	0.205
社会服务业	*CARintr*	16	0.038	-0.097	0.303
	CARanno	16	0.033	-0.205	0.389
	CARppanno	16	-0.013	-0.149	0.174
信息技术业	*CARintr*	27	0.076	-0.256	0.471
	CARanno	27	0.072	-0.264	0.730
	CARppanno	27	0.016	-0.243	0.335
制造业	*CARintr*	257	0.047	-0.272	0.502
	CARanno	257	0.068	-0.510	10.418
	CARppanno	257	-0.014	-0.689	0.440
综合类	*CARintr*	7	0.063	-0.204	0.194
	CARanno	7	0.017	-0.073	0.182
	CARppanno	7	0.028	-0.038	0.147

注：上述数据来自 Wind 金融数据库和 CSMAR 数据库。

5.2.4.2　实施区间的时间间隔

由于定向增发实施期间的收益比较大，我们在此对基准价定价区间，预案公告日至发行公告日期间所相隔时间进行统计，从表5－5发现，定向增发实施期间间隔时间比较长均值最低为157天。而在现金和资产认购的样本中，定向增发实施期间时间间隔最长有超过一年的。定向增发的审核期长，每次审核过关，即为一次利好信息，这也是定向增发实施期间收益率上升的原因。

表5－5　预案公告日与增发公告日时间间隔统计

统计指标		观测数	均值	Min	Max
总样本		498	157	0	467
资产		145	162	0	407
现金	股权分散	44	171	5	467
	股权集中	309	153	0	361

注：上述数据来自Wind金融数据库和CSMAR数据库。

5.2.5　研究设计

我国定向增发存在较长的发审程序，每道发审程序的通过对增发公司均是一次利好，对于事件日的选择不应只局限于一种方法，应综合考虑预案公告与增发公告前后可能的市场反应，以及从预案公告日至增发公告日定向增发实施期间的市场反应，视角才足够全面。并且股权集中度不同、认购对象不同，会对定向增的宣告效应产生不同的影响，因此在研究设计中将分别检验大股东与机构投资者认购时所表现出的不同的宣告效应。

首先，用下述模型验证假设H2，假设H3：

$$CARintr = \lambda_0 + \lambda_{1,1} Bigbuy \mid Instbuy + \sum \lambda_{1,j} Control + \varepsilon \quad (5-8)$$

$$CARanno = \lambda_0 + \lambda_{2,2} Bigbuy \mid Instbuy + \sum \lambda_{2,j} Control + \varepsilon \quad (5-9)$$

$$CARppanno = \lambda_0 + \lambda_{2,3} Bigbuy \mid Instbuy + \sum \lambda_{3,j} Control + \varepsilon \quad (5-10)$$

全流通时代，大股东与其他投资者利益更为紧密，当大股东认购比例高时，向市场传递了积极的信号，对上市公司定向增发有支持作用；另外机构投资者的认购降低了信息不对称的程度，抑制了内幕交易的程度，减少了代理成本。因此大股东的认购比例越高，定向增发公告效应理应越好；而机构投资者持股比例越高，信息确认与传递作用越强，对内幕交易的抑制越强，预案公告前的超额累计收益理应越小，而预案公告日后的公告效应应该更好。

然后我们对假设 H4、假设 H5 进行检验：

$$BHARlockup6 \mid BHARlockup9 \mid BHARlockup12 \mid BHARlockup36 = \alpha_0 + \alpha_{i,1} Bigbuy \mid Instbuy + \alpha_{i,2} Discount + \sum \alpha_{i,j} Control + \varepsilon \qquad (5-11)$$

其中 *Bigbuy*，*Instbuy* 分别为大股东和机构投资者认购比例，*BHARlockup6* 表示发行后 6 个月的超额收益，*BHARlockup9* 表示发行后 9 个月的超额收益，*BHARlockup12* 表示发行后 12 个月的超额收益，*BHARlockup36* 表示发行公告至解禁日的超额收益。

采用相关系数矩阵及以下模型对假设 H6 进行检验：

$$BHARlockup6 \mid BHARlockup9 \mid BHARlockup12 \mid BHARlockup36 = \alpha_0 + \alpha_{i,1} CARintr + \alpha_{i,2} Bigbuy \mid Instbuy + \sum \alpha_{i,j} Control + \varepsilon \qquad (5-12)$$

如果 *BHARlockup6*，*BHARlockup9*，*BHARlockup12*，*BHARlockup36* 与 *CARintr* 回归，回归系数小于 0 且显著，则表示假设 H5 成立，内幕交易变量预案公告日前 20 日的超额累计收益显示长期业绩，否则则表示内幕交易与长期业绩之间无关联。

5.3 实证分析

5.3.1 短期公告效应单变量分析

表 5-6～表 5-8 分别对比了 2006～2013 年，定向增发认购对象为大股东或机构投资者时的短期公告效应的单变量分析。由表 5-6 可看出，在预案公告前 20 日，大股东认购样本的超额累计收益率 *CAAR* 显著为正值，*AAR* 除预案公告前第 15、20 天之外均为正值，且在预案公告日前 6 天开始显著为正值，预案公告日前 4 日内，均在 1% 的水平显著。

机构投资者认购样本的 *AAR*，*CAAR* 大部分为正值，在预案公告日前第 9、10、17、19 天显著为正，与大股东认购样本类似，在预案公告日前 3 天，*AAR* 均在 1% 的水平显著为正。

表 5-6　预案公告日前 20 日超额累计收益分析（按认购对象）

事件窗口	大股东认购			机构投资者认购		
	AAR（%）	*t* 值	*CAAR*（%）	*AAR*（%）	*t* 值	*CAAR*（%）
-20	-0.20	-1.04	-0.20	0.59	1.27	0.59
-19	0.21	1.00	0.01	0.32	1.82*	0.91

续表

事件窗口	大股东认购			机构投资者认购		
	AAR（%）	t值	CAAR（%）	AAR（%）	t值	CAAR（%）
-18	0.28	1.29	0.29	0.07	0.43	0.99
-17	0.16	0.81	0.45	0.39	2.34**	1.38
-16	0.18	0.82	0.63	-0.25	-1.77**	1.13
-15	-0.22	-1.13	0.41	0.25	1.36	1.38
-14	0.04	0.21	0.45	-0.08	-0.43	1.31
-13	0.06	0.28	0.51	0.08	0.37	1.38
-12	0.36	1.64	0.87	0.14	0.80	1.52
-11	0.07	0.31	0.93	0.32	1.61	1.84
-10	0.40	1.56	1.34	0.42	1.93*	2.26
-9	0.46	1.76*	1.80	0.59	2.88***	2.85
-8	0.01	0.05	1.81	0.14	0.84	2.99
-7	0.43	1.62	2.24	-0.09	-0.38	2.90
-6	0.55	2.27**	2.78	0.20	1.21	3.10
-5	0.15	0.65	2.94	-0.08	-0.47	3.02
-4	0.49	2.1511**	3.42	0.00	0.05	3.01
-3	0.82	3.46***	4.24	0.38	1.96*	3.39
-2	1.08	3.84***	5.33	0.43	2.31**	3.83
-1	2.50	8.14***	7.83	1.50	3.83***	5.33

注：***、**、*分别表示在1%、5%、10%的水平上显著。

由表5-7可知，在预案公告后20日，大股东认购样本和机构投资者认购样本的*CAAR*均为正值。大股东认购样本的*AAR*在预案公告后12天间均为正值，且在预案公告日后第1，2天在1%的水平显著为正值，从第13天开始，*AAR*出现负值，但不显著。

机构投资者认购样本的*AAR*大部分为正值，在预案公告日次日，*AAR*值为0.78%且在1%的水平显著。

表 5－7　　预案公告日后 20 日超额累计收益分析（按认购对象）

事件窗口	大股东认购			机构投资者认购		
	AAR（%）	t 值	CAAR（%）	AAR（%）	t 值	CAAR（%）
1	1.62	3.88***	1.62	0.78	2.76***	0.78
2	1.36	3.48***	2.98	0.18	0.69	0.96
3	2.10	1.18	5.07	5.71	1.08	6.67
4	0.27	0.96	5.34	－0.20	－0.71	6.46
5	0.08	0.23	5.42	1.72	1.08	8.18
6	0.67	0.99	6.09	1.62	1.03	9.80
7	0.02	0.06	6.11	0.06	0.19	9.86
8	0.21	0.74	6.32	0.28	0.92	10.14
9	0.17	0.66	6.49	0.17	0.77	10.31
10	0.34	1.20	6.82	0.14	0.64	10.45
11	0.43	1.64	7.26	3.16	1.09	13.61
12	0.05	0.24	7.31	0.32	1.43	13.93
13	－0.07	－0.29	7.24	0.32	1.49	14.25
14	0.04	0.12	7.28	－0.06	－0.36	14.19
15	0.05	0.19	7.33	0.11	0.54	14.30
16	－0.01	－0.03	7.32	0.07	0.35	14.37
17	－0.48	－1.62	6.84	0.20	1.02	14.58
18	0.05	0.25	6.90	0.22	1.22	14.79
19	－0.18	－0.90	6.72	0.15	0.68	14.94
20	0.14	0.51	6.86	0.02	0.14	14.96

注：*** 分别表示在 1% 的水平上显著。

由表 5－8 可知，在增发公告后 20 日，大股东认购样本和机构投资者认购样本的 *CAAR* 均为负值。大股东认购样本的 *AAR* 大部分为负值，在增发公告次日的 *AAR* 为－0.49%，且在 1% 的水平显著。

机构投资者认购样本的 *AAR* 部分为正值，在增发公告后第 8 日，*AAR* 值为 0.56% 且在 1% 的水平显著，而在第 13、14、15 日 *AAR* 均为负值，且在 5% 的水平显著。

可见，增发公告日后的公告效应并不像预案公告日的那样显著，且 *AAR*、*CAAR* 还出现了大量的负值。可能的原因是预案公告日与增发公告日相隔太久，一定程度上削弱了增发公告日的短期市场反应。

表 5 - 8　　增发公告日后 20 日超额累计收益分析（按认购对象）

事件窗口	大股东认购			机构投资者认购		
	AAR（%）	*t* 值	*CAAR*（%）	*AAR*（%）	*t* 值	*CAAR*（%）
1	-0.49	-1.83*	-0.49	-0.26	-0.98	-0.26
2	-0.24	-1.02	-0.73	0.03	0.34	-0.23
3	-0.29	0.91	-1.01	-0.40	-1.72	-0.63
4	-0.44	0.98	-1.45	-0.26	-1.17	-0.88
5	-0.15	-0.66	-1.60	-0.03	-0.13	-0.92
6	-0.39	-1.85*	-1.99	-0.09	-0.55	-1.01
7	0.01	0.03	-1.98	0.24	1.15	-0.76
8	0.09	0.39	-1.89	0.56	2.03**	-0.20
9	-0.28	-1.56	-2.17	-0.03	0.14	-0.23
10	-0.27	-1.29	-2.43	-0.07	-0.42	-0.30
11	-0.78	-3.32***	-3.21	0.19	1.03	-0.11
12	-0.04	-0.20	-3.25	0.07	0.13	-0.04
13	-0.16	-0.73	-3.42	-0.27	-1.79*	-0.31
14	-0.07	-0.25	-3.49	-0.41	-1.86*	-0.72
15	0.15	0.58	-3.33	-0.30	-1.85**	-1.02
16	0.03	0.14	-3.30	0.13	0.88	-0.90
17	-0.21	-0.98	-3.51	0.10	0.74	-0.80
18	0.10	0.54	-3.41	-0.08	-0.61	-0.88
19	0.01	0.03	-3.40	0.45	2.21**	-0.43
20	0.46	1.81*	-2.94	-0.01	0.03	-0.45

注：***、**、* 分别表示在 1%、5%、10% 的水平上显著。

由图 5 - 1 可知，预案公告前 20 天，仅大股东认购定向增发的超额累计收益率在（-20，-5）低于仅向机构投资者发行的样本，可见大股东参与定向增发与内幕交易程度并不具有相关性。从趋势图可看出，预案公告日前的 *CAR* 值都显著为正，H1 成立。而从这一结论亦可看出大股东认购并未表现出很强的侵占效应，大股东认购比例越大，考虑到锁定期限制及长期收益，大股东的掏空动机减弱，支持效应相应增强。

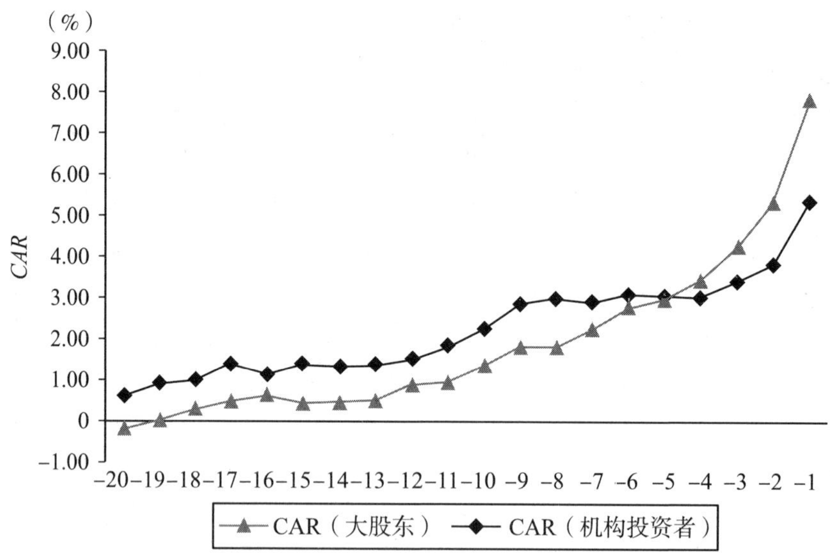

图 5-1 预案公告日前 20 日超额累计收益率（*CAR*）趋势

图 5-2 表明预案公告后 20 天，两组样本的超额累计收益率均为正值，公告效应显著，可见机构投资者、大股东认购向市场传递正向信息，H1 成立。仅向机构投资者发行超额累计收益高于仅向大股东定向增发的超额累计收益，说明作为有能力的监督者及参与者，市场对机构投资者在定向增发中所发挥的积极的监督支持作用给予了正向的肯定，且其公告效应要优于大股东认购。

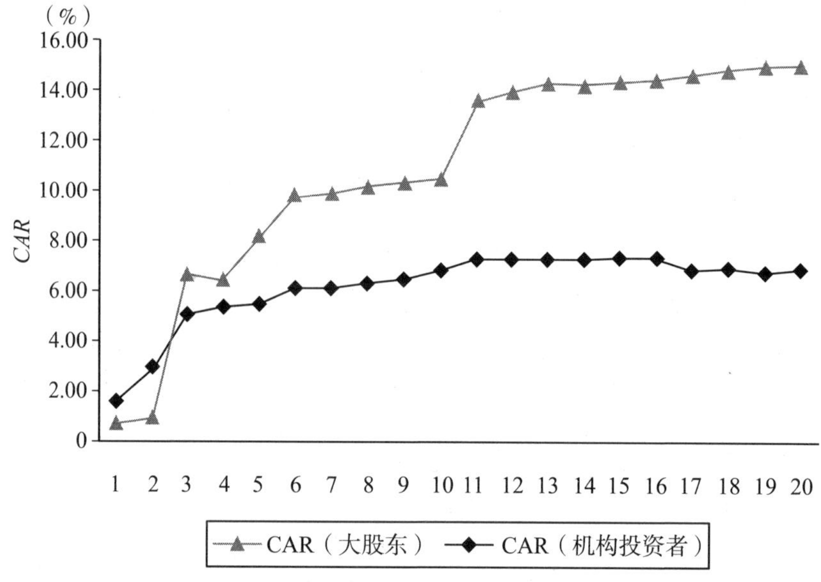

图 5-2 预案公告日后 20 日超额累计收益率（*CAR*）趋势

由图5－3可知，增发公告后的20天，两组样本的超额累计收益率均为负值。可能的原因是，预案公告日与增发公告日间隔时间较长，少则数月，多者长达一年以上，一定程度上削弱了增发公告日后的公告效应。同时还发现，向机构投资者定向增发的超额累计收益下降不明显，较为平缓，而大股东认购样本的超额累计收益率陡降，且显著为负，可见与只有大股东参与的定向增发相比，市场还是对机构投资者的监督效应较为认可。但确定是何种因素对定向增发的短期公告效应产生了影响，还需进一步的回归分析。

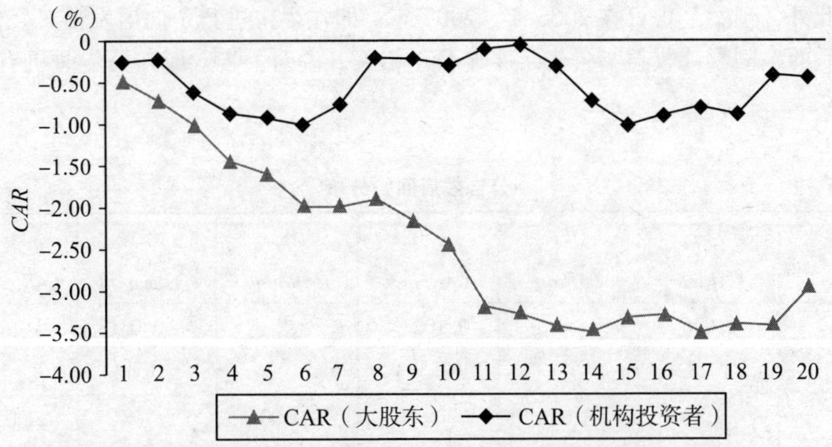

图5－3　增发公告日后20日超额累计收益率（*CAR*）趋势

5.3.2　短期公告效应回归分析

从表5－9首先分析大股东持股比例与内幕交易程度、公告效应的关系：在Model1，Model3，Model5中可发现大股东持股比例与定向增发预案公告前20天的超额累计收益率 *CARintr* 的相关关系不显著，即大股东持股比例与内幕交易程度关联不大；与预案公告日后20天的公告效应在5%的水平上显著正相关，相关系数0.102，说明大股东认购的信息确认作用被市场所认可，对上市公司的定向增发有一定的支持作用，假设H2成立；但 *Bigbuy* 与增发公告日后20天的超额累计收益负相关，但相关关系不显著，由于从预案公告到增发公告的时间间隔较长，增发信息逐渐被市场所消化，大股东认购的信息确认作用减弱。

其次从机构投资者认购比例与内幕交易的相关性结果来看，Model2的回归结果表明，机构投资者认购比例（*Instbuy*）与内幕交易程度的代理变量 *CARintr* 在1%的统计水平上显著负相关，H3成立。说明由于机构投资者参与认购，在信息确认与传递效应的作用下，会对定向增发前的内幕交易程度有抑制作用，机构投资者持股比例越高，定向增发预案公告前 20 天的 *CAR* 值越小。

账价市值比在 Model1，Model2 中与内幕交易程度在 5%、10% 的统计水平上显著负相关，相关系数分别为 -0.088，-0.120。*BM* 值越大，信息不对称程度越小，因此预案公告前的内幕交易程度也越小。在 Model3，Model4，Model6 中 *BM* 与预案公告日后的超额收益率相关性不显著。

定向增发发行股份占总股份的比例（*Fraction*）与预案公告日前 20 日的累计超额收益显著正相关，与预案公告后 20 日的累计超额收益（*CARanno*）显著正相关，说明发行比例越高，市场反应相应也会越大。

此外，预案公告日在 2006 年、2007 年，即在牛市进行定向增发预案公告时，公告后的超额累计收益与公告年度显著正相关，说明公告效应与公告时机有很大的关联。

表 5-9 公告效应回归分析

	(1) *CARintr*	(2) *CARintr*	(3) *CARanno*	(4) *CARanno*	(5) *CARppanno*	(6) *CARppanno*
Bigbuy	0.026 (1.18)		0.102** (2.54)		-0.031 (-1.42)	
Instbuy		-0.030* (-1.91)		-0.003 (-0.06)		0.020 (1.43)
Lnsize	-0.010 (-1.08)	0.003 (0.36)	-0.001 (-0.05)	-0.026 (-0.92)	-0.009 (-0.99)	-0.009 (-1.27)
BM	-0.088** (-2.40)	-0.120*** (-3.91)	0.005 (0.08)	-0.111 (-1.01)	0.085 (2.31)	0.039 (1.44)
Fraction	0.157* (1.92)	0.149** (2.02)	0.298* (1.97)	0.460* (1.76)	-0.016 (-0.19)	-0.025 (-0.37)
NS	0.046*** (2.74)	0.040*** (2.82)	0.078** (2.51)	0.132*** (2.61)	-0.024 (-1.40)	-0.029** (-2.32)
_cons	0.245 (1.39)	0.049 (0.30)	-0.093 (-0.29)	0.507 (0.88)	0.134 (0.76)	0.143 (0.99)
N	280	478	280	478	280	478
F	6.394	7.787	3.463	3.322	1.960	2.018
Adj R^2	0.088	0.066	0.042	0.024	0.017	0.011

注：***、**、* 分别表示在 1%、5%、10% 的水平上显著，括号中为 *t* 值。

5.3.3　长期收益的回归分析

从表5-10可知大股东认购比例与9个月、12个月、36个月的长期收益率在5%、10%的水平上显著正相关，相关系数分别为0.486、0.448、0.488，说明大股东认购比例越高，长期收益越好对上市公司起支持作用。由于大股东认购36个月的锁定期限制，在锁定期内大股东的监督作用充分发挥，并且大股东认购对上市公司存在正的信息确认效应，市场认可度高，对上市公司的发展前景看好，假设H4成立。

在机构投资者认购比例模型中，机构投资者的认购比例与长期收益率均不存在显著的相关性，可见从长期来看，可能缘于机构投资者持股比例较小，且锁定期与大股东相比较短，无法充分发挥其监督职能H5不成立。

BM与长期收益均表现出了显著的正相关关系，说明长期而言，发展前景好的公司其增长性不会被市场所低估；发行股本占原有股本规模比例越大，监督效应越强，公司拥有更好的发展机会，长期超额收益率越高。

在大股东认购比例为自变量的回归模型Model1中，折扣率与增发后半年的长期收益率在5%的水平上显著正相关，相关系数为0.595；在机构投资者认购比例为自变量的回归模型Model5，Model6，Model7中，折扣率与长期收益率分别在1%、5%的水平上显著正相关，相关系数分别为0.749，0.560，0.651。说明折扣率高并不能充分说明大股东、机构投资者利用高折扣率侵占上市公司利益，根据监督假说、风险补偿等理论，只是对大股东、机构投资者所付出成本的一种补偿。而且由于锁定期的限制，大股东机构投资者对上市公司还有支持作用、信息传递作用。

表5-10　长期收益回归分析

	(1)	(2)	(3)	(4)	(5)	(6)	(7)	(8)
	*BHAR lockup*6	*BHAR lockup*9	*BHAR lockup*12	*BHAR lockup*36	*BHAR lockup*6	*BHAR lockup*9	*BHAR lockup*12	*BHAR lockup*36
Bigbuy	0.345 (1.47)	0.486** (2.04)	0.448** (2.12)	0.488* (1.90)				
Instbuy					-0.142 (-0.92)	-0.188 (-1.17)	-0.095 (-0.45)	-0.287 (-1.45)
BM	0.768** (2.02)	0.542 (1.40)	0.426 (1.24)	0.615 (1.37)	0.610** (2.13)	0.486 (1.62)	0.592 (1.51)	0.191 (0.50)

续表

	(1) BHAR lockup6	(2) BHAR lockup9	(3) BHAR lockup12	(4) BHAR lockup36	(5) BHAR lockup6	(6) BHAR lockup9	(7) BHAR lockup12	(8) BHAR lockup36
Lnsize	-0.203*	-0.215*	-0.219**	-0.234*	-0.215**	-0.244***	-0.317***	-0.084
	(-1.81)	(-1.89)	(-2.17)	(-1.87)	(-2.43)	(-2.63)	(-2.62)	(-0.74)
Proceed	0.116	0.114	0.087	-0.079	0.155*	0.165*	0.208*	-0.185*
	(1.14)	(1.10)	(0.95)	(-0.68)	(1.90)	(1.94)	(1.87)	(-1.71)
Discount	0.595**	0.334	0.141	0.138	0.749***	0.560**	0.651**	0.230
	(2.27)	(1.25)	(0.60)	(0.51)	(3.33)	(2.37)	(2.12)	(0.86)
_cons	0.978	1.368	2.138	5.726***	0.774	1.267	1.724	5.683***
	(0.50)	(0.69)	(1.22)	(2.79)	(0.48)	(0.74)	(0.78)	(2.88)
N	277	277	277	175	473	473	473	280
F	2.472	2.009	1.991	2.513	4.261	3.239	2.628	1.987
Adj R^2	0.026	0.018	0.018	0.042	0.033	0.023	0.017	0.017

注：*** 表示在 1% 的水平上显著，** 表示在 5% 的水平上显著，* 表示在 10% 的水平上显著，括号中为 t 值。

5.3.4 短期市场反应与中长期收益率之间的回归分析

表 5-11 列示了短期公告效应与持有期超额收益之间的相关关系，由结果可知预案公告前 20 天的累计超额收益率（*CARintr*）与增发公告后 3 个月、6 个月、12 个月、36 个月的持有期超额收益 *BHARlockup*3，*BHARlockup*6，*BHARlockup*12，*BHARlockup*36 分别在 1%，5%，10% 的统计水平下显著负相关。这表明预案公告前内幕交易收益越大对长期收益有负的影响假设 H6 成立。

预案公告后 20 天的累计超额收益（*CARanno*）与定向增发实施期的持有期超额收益（*BHARplpp*）在 1% 的水平显著正相关，与增发公告后 3 个月、6 个月的持有期超额收益分别在 5%，10% 的水平显著正相关。预案公告的公告效应对超额收益有正的影响，公告效应越大，长期收益也会越好。

增发公告后 20 天的累计超额收益（*CARppanno*）与增发公告后 3 个月、6 个月、36 个月的持有期超额收益 *BHARlockup*3、*BHARlockup*6、*BHARlockup*36 分别在 1%，5%，10% 的统计水平下显著正相关。

表5-11 长短期收益相关系数分析

	CAR intr	CAR anno	CAR ppanno	BHAR plpp	BHAR lockup3	BHAR lockup6	BHAR lockup9	BHAR lockup12	BHARl ockup36
CARintr	1								
CARanno	-0.01	1							
CARppanno	-0.058	0.045	1						
BHARplpp	0.06	0.669***	-0.013	1					
BHARlockup3	-0.156***	0.102**	0.090**	0.523***	1				
BHARlockup6	-0.134***	0.084*	0.082*	0.364***	0.965***	1			
BHARlockup9	-0.072	0.052	0.058	0.250***	0.918***	0.961***	1		
BHARlockup12	-0.094**	0.01	0.025	0.098**	0.812***	0.887***	0.923***	1	
BHARlockup36	-0.097*	0.076	0.129**	0.148**	0.757***	0.761***	0.741***	0.767***	1

注：*CARintr* 为预案公告日前20天的超额累计收益率即 CAR(-20，-1)，*CARanno* 为预案公告日后20天的超额累计收益率即 CAR(1，20)，*CARppanno* 为发行公告日后20天的超额累计收益率即 CAR(1，20)，*BHARplpp* 则表示预案公告日至发行公告日的持有期超额收益，*BHARlockup3* 表示发行后3个月的持有期超额收益，*BHARlockup6* 表示发行后6个月的持有期超额收益，*BHARlockup9* 表示发行后9个月的持有期超额收益，*BHARlockup12* 表示发行后12个月的持有期超额收益，*BHARlockup36* 则表示发行后36个月的持有期超额收益变量。*** 表示在1%的统计水平上显著，** 表示在5%的统计水平上显著，* 表示在10%的统计水平上显著。

从表5-12结果可知，在以大股东持股比例和以机构投资者持股比例为解释变量的回归模型中，预案公告前20天超额收益率 *CARintr* 即内幕交易程度均与发行后6个月、9个月、12个月、36个月的持有期超额收益 *BHARlockup6*，*BHARlockup9*，*BHARlockup12*，*BHARlockup36* 均在1%的统计水平下显著负相关。这表明预案公告前内幕交易收益越大对长期收益有负的影响假设H5成立。

发行后6个月、9个月、12个月、36个月的持有期超额收益 *BHARlockup6*，*BHARlockup9*，*BHARlockup12*，*BHARlockup36* 与大股东认购比例正相关但不显著，可见大股东比例对持有期超额收益的影响不大；与机构投资者持股比例 *instbuy* 的相关关系不明显，可能是与机构投资者认购比例较小有一定的关系，机构投资者持股的信息确认效应及监督效应未能充分发挥。

发行后6个月、9个月、12个月、36个月的持有期超额收益 *BHARlockup6*，*BHARlockup9*，*BHARlockup12*，*BHARlockup36* 与发行股本规模负相关，这表明发行规模越大，监督效应越大，股价上升压力越大，上涨幅度越小。

发行后6个月、9个月、12个月、36个月的持有期超额收益 *BHARlockup6*，*BHARlockup9*，*BHARlockup12*，*BHARlockup36* 与增发比例显著正相关，说明定向增发规模越大，长期的持有收益也会越大。

表 5 - 12　　长期收益与预案公告前 20 日的超额累计收益的回归分析

	(1) BHAR lockup6	(2) BHAR lockup9	(3) BHAR lockup12	(4) BHAR lockup36	(5) BHAR lockup6	(6) BHAR lockup9	(7) BHAR lockup12	(8) BHAR lockup36
CARintr	-2.199***	-1.971***	-1.563***	-1.811***	-2.006***	-1.666***	-2.069***	-1.680***
	(-3.50)	(-3.09)	(-2.76)	(-2.94)	(-4.63)	(-3.66)	(-3.47)	(-3.21)
Bigbuy	0.195	0.334	0.302	0.391				
	(0.83)	(1.40)	(1.43)	(1.51)				
Instbuy					-0.026	-0.064	0.056	-0.142
					(-0.17)	(-0.39)	(0.26)	(-0.71)
Lnsize	-0.086	-0.113	-0.129	-0.278***	-0.037	-0.067	-0.089	-0.143
	(-0.92)	(-1.19)	(-1.53)	(-2.78)	(-0.49)	(-0.86)	(-0.87)	(-1.52)
BM	0.148	0.100	0.111	0.121	-0.011	0.010	-0.005	-0.273
	(0.40)	(0.27)	(0.33)	(0.28)	(-0.04)	(0.03)	(-0.01)	(-0.71)
Fraction	2.064***	1.873***	1.614***	1.031*	2.306***	2.219***	2.679***	1.082**
	(4.17)	(3.72)	(3.62)	(1.86)	(6.04)	(5.53)	(5.09)	(2.08)
NS	-0.044	-0.206	-0.183	-0.043	-0.036	-0.185	-0.176	0.092
	(-0.25)	(-1.14)	(-1.15)	(-0.23)	(-0.26)	(-1.31)	(-0.95)	(0.52)
_cons	1.269	1.839	2.204	5.244***	0.474	1.143	1.440	3.092*
	(0.70)	(1.00)	(1.35)	(2.69)	(0.32)	(0.74)	(0.71)	(1.65)
N	277	277	277	175	473	473	473	280
F	5.646	5.347	5.167	3.991	10.225	8.717	7.171	3.255
Adj R^2	0.092	0.086	0.083	0.093	0.105	0.089	0.073	0.046

注：括号中为 t 值，*、**、*** 分别表示在 10%、5%、1% 的水平显著。

5.4 本章小结

本章分三部分论证定向增发的长短期市场反应：定向增发的短期宣告效应、长期市场反应、短期市场反应与长期收益的相关关系。由于我国定向增发的审核期长，实施区间较大，从预案公告至发行公告市场会发生许多的变化，一定程度上会减弱增发公告日的宣告效应，因此本书将研究区间前移扩展至预案公告日，充分比对预案公告日前后的内幕交易行为与公告效应，以及增发公告日前后的短期公告效应，并分别验证认购对象为大股东和机构投资者时公告效应是否会不同。

另外，究其本质内幕交易和公告效应是短期市场反应，只能部分显示出投资者对定向增发行为乐观与否，但两者与长期收益率的相关性如何，能否在一定程度上衡量反映出增发后公司长期收益率、长期市场表现还需进一步的研究。因此本章的第二、三部分分别验证了长期收益率与认购对象、折扣率的相关关系。长短期市场反应的相关性，更全面地反映定向增发从预案公告日至解禁日的市场反应，并得出了以下的结论：

从预案公告前后 20 天的超额累计收益率趋势图可看出，预案公告日前的 CAR 值都显著为正，但大股东发行样本的 CAR 值低于仅向机构投资者发行的样本，可见大股东参与定向增发与内幕交易程度并不具有相关性。预案公告后的 20 天，仅向机构投资者发行的定向增发公告效应最好，超额累计收益显著高于仅向大股东发行的定向增发的样本，可见机构投资者认购、大股东认购向市场传递正向信息，两组样本的超额累计收益率均为正值。增发公告后的 20 天大股东样本的超额累计收益率陡降，且显著为负，可能与预案公告至增发公告间隔长、利好消息被市场逐渐消化有关。

首先，从短期公告效应的实证结果可以看出，大股东持股比例与内幕交易程度相关关系不显著，即没有直接证据表明大股东在预案公告前有掏空动机；预案公告日后 20 天的大股东认购比例与公告效应即超额累计收益 *CAR*（1，20）显著正相关说明大股东认购的信息确认作用被市场所认可，对上市公司的定向增发有一定的支持作用；但从增发公告日后 20 天的宣告效应来看，大股东认购的信息确认作用减弱。其次，从机构投资者认购比例与内幕交易的相关性结果来看，机构投资者认购比例与内幕交易程度的替代变量显著负相关，说明机构投资者认购对定向增发前的内幕交易程度有抑制作用；与增发公告日后 20 天的 *CAR* 值显著正相关，说明机构认购向市场传递了积极的信号，降低了信息不对称程度，监督效应与支持作用得到了很好的体现。

从长期收益率的回归分析可见，长期收益受到了大股东认购比例、折扣率、发行规模以及融资规模影响。由于大股东认购 36 个月的锁定期限制，大股东认购对上市公司存在正的信息确认效应，在锁定期内大股东的监督作用充分发挥，监督效应与支持作用明显，长期收益的回归结果也支持了这一推断，即大股东认购比例越高，长期收益越好对上市公司起支持作用。在机构投资者认购比例模型中，机构投资者的认购比例与长期收益率均不存在显著的相关性，可见从长期来看，可能缘于机构投资者持股比例较小，无法充分发挥其监督职能。

长期收益与短期市场反应相关性的实证分析中，预案公告前 20 天超额收益率与发行后 6 个月、9 个月、12 个月以及 36 个月的持有期超额收益 *BHAR* 均显著负相关，表明预案公告前超额累计收益越大对长期收益有负的影响。严格的锁定期制度安排对抑制内幕交易产生了积极的作用，内幕交易越严重，在锁定期所获得长期收益也越少；对于不存在内幕交易或择机发行的公司，在锁定期理所应当就会有较好的长期收益表现。

第 6 章

上市公司定向增发的经营绩效研究

从定向增发的市场反应研究可知，上市公司在进行定向增发时，在预案公告前后有显著正的短期公告效应，向市场传递了积极、正向的信号。但归根结底，定向增发的经济后果除了长短期市场反应，投资者与上市公司更为关注定向增发后的未来长期绩效。好的长期绩效是对定向增发这种新型股权再融资方式的肯定，不仅关系到上市公司的可持续发展，为上市公司后续再次增发募集资金打下坚实的基础，还将影响到我国证券市场的健康、稳定发展。本章将对这一问题进行深入剖析，第一部分为理论分析，第二部分是样本和变量的选择，第三部分实证分析及稳健性检验，第四部分为结论。

6.1 定向增发的长期绩效理论分析及研究假设

6.1.1 定向增发长期绩效与支持侵占效应理论分析

国内外学者分别用监控假说、信息不对称假说、品质证明假说、流动性假说等来解释上市公司采取定向增发低价发行及定向增发后显著的正的市场反应。为进一步分析定向增发对公司后续经营绩效的影响提供了思路。这很有可能表明，我国上市公司实施定向增发所具有的正向的市场反应一定程度上是由于其经营绩效得到有效提高和改善所影响的。

上市公司的股权再融资行为必定会对公司的投资效率和经营绩效产生不容忽略的影响。事实上，国内外的研究视角都在关注融资后的短期市场反应，对长期绩效、长期收益的关注甚少。洛克伦和里特（Loughran and Ritter，1995）的研究发现了新股发行之谜，即融资公司的长期收益低效仅与同期国债收益率相当。他们用 BHR 指标计算长期收益，引入法玛和弗伦奇（Fama and French，1993）的三因素日历月份时间序列回归，以更严格的统计检验证实长期市场低绩效的显著存在，提出应从经营业绩角度寻找融资公司长期市场低绩效的原因。认为如果按照投资者过度乐观、管理层利用股价被高估的短暂阶段择机发行，长期市场表现应该为负这种推理，定向增发可能也会有相同的长期市场表现。沿袭这一思路，赫茨尔（2002）对定向增发公司长期市场表现进行研究，发现私募发行后三年，出现了相对较差的经营业绩。因此赫茨尔认为不论是以 IPO、SEO 为代表的公开权益发行，还是以私募为代表非公开发行，投资者显然过度乐观，过于看好融资公司的前景。

大股东支持效应则认为，在我国定向增发中对大股东参与认购有严格的锁定期限制，大股东与中小股东具有共同的利益目标，在锁定期内大股东为了实现自身利益最大化，不会短视地将定向增发用作圈钱工具，为了自身利益、后续的融资及上市公司的长远发展，大股东有足够的动机与能力发挥其支持作用，从而会使得上市公司取得较好长期业绩。侵占效应理论认为，定向增发投资者通过较高的折扣率提前实现其所获得的市场收益，在发行后公司业绩随着控股股东持股比例增加而出现下滑。

因此，大股东认购行为究竟是发挥了支持作用还是利益侵占，需要从长期绩效的角度，结合折扣率、大股东认购比例来研究。国内学者对大股东的支持侵占效应研究仅限于折扣率的高低对长期经营绩效的影响，长期绩效与大股东持股比例的关系则鲜有研究。据上述分析，提出以下假说：

H1a：长期经营绩效与大股东认购比例正相关时，大股东参与定向增发对上市公司存在支持效应。

H1b：长期经营绩效与大股东认购比例负相关时，大股东参与定向增发对上市公司存在侵占效应。

6.1.2 定向增发长期绩效与监督合谋理论分析

监督效应认为定向增发仅向有限的投资人发行，引入外部投资者后公司治理水平改善，从而长期收益率增加，短期市场反应为正（Wruck，1989）。相比中小投资者，机构投资者作为持股比例较大的外部投资者，拥有雄厚的资金基础、专业优势以及资源优势来监督管理层，而且机构投资者不具备利用控制权谋取私利的渠道与动机，因此当机构投资者的利益目标与中小投资者一致时，如果尽职地行使监督权，不仅会提高自身的投资收益，还可以改进公司治理环境实现双赢。格罗斯曼和哈特（Grossman and Hart，1980）等证明了机构投资者的积极作用，他们发现机构投资者所持股份与公司业绩正相关。

战略联盟理论认为，参与定向增发的投资者已通过低价认购提前获得了未来收益风险的补偿，因而与中小股东的利益目标差异较大，在发行后与结盟管理层，对其的自利行为不闻不问，导致发行后的长期收益率降低，公司业绩下降。巴克莱、霍尔德尼斯和希恩（Barclay，Holderness and Sheehan，2003）的研究证明了投资者与发行公司经理层结成战略联盟，而在发行后投资人极少参与公司治理。

但由于我国定向增发对机构投资者认购也有 12 个月的锁定期限制，大多跨越了一个财务年度，投资者需要通过加强对公司监督才能确保从二级市场获利，机构投资者作为有监督能力的外部投资者，其参与定向增发对长期业绩应该有促进作用。机构投资者认购行为对长期绩效究竟是发挥了监督作用还是与大股东管理层合谋，需要从长期绩效的角度，结合折扣率、大股东认购来进一步研究。我们假设：

H2a：定向增发后的长期业绩与机构投资者认购正相关，机构投资者对大股东管理层发挥了监督作用。

H2b：定向增发后的长期业绩与机构投资者认购负相关，说明有机构投资者与大股东管理层存在合谋效应。

6.2　研究变量选择和模型设计

6.2.1　分类设计

为检验大股东参与定向增发认购对定向增发后经营绩效的影响，本书将样本分为大股东未参与认购、大股东参与认购两大类。同时为了详细刻画大股东认购样本的特征，借鉴陈政（2008）、张鸣和郭思永（2009）的研究方法将样本分为两类：第一类，大股东认购比例大于零小于原有持股比例时为股权分散样本；第二类，大股东认购比例高于原有持股比例时，存在股权集中效应，为股权集中样本。

6.2.2　研究变量

研究变量如表 6 - 1 所示：

表 6 - 1　研究变量

变量名		变量定义
performance	*OP*_1	表示公司定向增发前一年营业利润率
	*OP*0	表示公司定向增发当年营业利润率
	*OP*1	表示公司定向增发后第一年营业利润率
	*OP*2	表示公司定向增发后第二年营业利润率
	AVGOP	表示公司定向增发当年与发行后第一年营业利润率的均值（$OP0+OP1$）/2

续表

变量名		变量定义
performance	OPR	表示增发后第一年营业利润率相对于增发当年的增速 (OP1 - OP0)/OP0
	OPRI	表示增发后第一年营业利润率相对于行业同期均值的比率 (OP1 - OPI)/OPI
	ROA_1	表示公司定向增发前一年末总资产报酬率
	ROA0	表示公司定向增发当年末总资产报酬率
	ROA1	表示公司定向增发后第一年末总资产报酬率
	ROA2	表示公司定向增发后第二年末总资产报酬率
	AVGROA	表示定向增发当年与次年总资产报酬率的均值 (ROA0 + ROA1)/2
	ROAR	表示增发后第一年末 ROA 相对于增发当年的增速 (ROA1 - ROA0)/ROA0
	ROARI	表示增发后第一年末 ROA 相对于行业同期均值的比率 (ROA1 - ROAI)/ROAI
	ROE_1	表示公司定向增发前一年末净资产收益率
	ROE0	表示公司定向增发后第一年末净资产收益率
	ROE1	表示公司定向增发后第一年末净资产收益率
	ROE2	表示公司定向增发后第二年末净资产收益率
	AVGROE	表示定向增发当年与次年净资产收益率的均值 (ROE0 + ROE1)/2
	ROER	表示增发后第一年末 ROE 相对于增发当年的增速 (ROE1 - ROE0)/ROE0
	ROERI	表示增发后第一年末 ROE 相对于行业同期均值的比率 (ROE1 - ROEI)/ROEI
大股东认购比例	Bigbuy	大股东认购定向增发数量占定向增发发行总股数比例
股权集中度指标	Sharech	大股东认购比例 > 增发前大股东持股比例时取 1，否则取 0
认购类型	Inst	发行对象的虚拟变量，当发行对象包含机构投资者时取 1，否则取 0
发行特征变量	TobinQ	公司市场价值与公司总资产的比值
	BM	账市比 (book-to-market)
	Lev	上市公司定向增发前一年末资产负债率
	Lnsize	定向增发前公司总股本的自然对数

6.2.3　研究样本

本研究涉及的样本主要来源于 2006 年 1 月 1 日 ~2013 年 12 月 31 日在深市、沪市 A 股成功进行定向增发的上市公司。为确保研究结果的有效性，在进行样本研究前，本书对样本进行以下筛选，主要采用 2006 ~ 2013 年成功实施定向增发的上市公司样本数据共计 1168 次，依据研究目的对原始样本进行以下处理：(1) 剔除金融行业公司；(2) 对于连续两次以上进行定向增发的公司只保留第一次且与第二次增发间隔大于 1 年的样本；(3) 仅保留认购对象为大股东、机构投资者以及大股东和机构投资者样本，其中大股东认购对象含关联方；(4) 仅保留认购方式为现金认购，或者仅资产认购，存在完整交易数据的样本；(5) 增发期间无重大交易事项的样本。最终得到 498 个样本，并对所有变量进行 WINSORIZE 处理，小于 1% 分位数与大于 99% 分位数的变量分别等于 1% 分位数与大于 99% 分位数。初始数据来源于 Wind（万得）金融数据终端数据库和 CSMAR（国泰安）数据库，其中需要手工获取数据从上市公司“非公开发行情况报告书”中摘录并加以整理，上市公司定向增发情况统计及新闻信息取自中国证券监督管理委员会网站、巨潮资讯。

6.2.4　变量描述性统计

由表 6 – 2 可知，上市公司实施定向增发后一年，营业利润率指标均值是 0.12，中位数为 0.071；总资产报酬率指标均值是 0.044，中位数为 0.039；净资产报酬率指标均值是 0.099，中位数为 0.09；其他指标的分析与前面分析相似。经营业绩主要指标在定向增发前后，基本呈先增后降的势态：总资产报酬率指标均值从定向增发前的 0.043 上升至增发当年的 0.049，而增发后两年又降至 0.039；净资产报酬率指标均值从定向增发前一年的 0.103 升至增发当年的 0.109，定向增发两年后又降至 0.087；而营业利润率指标的均值从定向增发前一年的 0.019 升至增发当年的 0.109，定向增发后两年降至 0.104。

表 6 – 2　回归模型中变量的描述性统计

指标	均值	标准差	最小值	最大值	中位数
*OP*_1	0.019	0.368	–3.040	0.448	0.061
*OP*0	0.109	0.131	–0.271	0.725	0.078
*OP*1	0.120	0.227	–0.315	1.804	0.071

续表

指标	均值	标准差	最小值	最大值	中位数
*OP*2	0. 104	0. 162	-0. 241	0. 845	0. 064
AVGOP	0. 119	0. 168	-0. 137	1. 314	0. 075
OPR	-0. 393	3. 050	-24. 085	9. 370	-0. 116
*ROA*_1	0. 043	0. 114	-0. 558	0. 683	0. 040
*ROA*0	0. 049	0. 044	-0. 071	0. 227	0. 042
*ROA*1	0. 044	0. 044	-0. 075	0. 197	0. 039
*ROA*2	0. 039	0. 048	-0. 073	0. 254	0. 032
AVGROA	0. 049	0. 040	-0. 027	0. 199	0. 043
ROAR	-0. 120	1. 115	-3. 884	4. 704	-0. 137
*ROE*_1	0. 103	0. 189	-0. 817	1. 000	0. 096
*ROE*0	0. 109	0. 113	-0. 188	0. 662	0. 090
*ROE*1	0. 099	0. 100	-0. 257	0. 408	0. 090
*ROE*2	0. 087	0. 100	-0. 232	0. 378	0. 083
AVGROE	0. 109	0. 094	-0. 143	0. 450	0. 095
ROER	-0. 115	1. 329	-6. 603	4. 943	-0. 096

注：上述数据来自 Wind 金融数据库和 CSMAR 数据库。

由表 6 - 3 中数据结果分析可知，不论股权集中样本还是股权分散样本，业绩指标也是呈现先增后降的趋势，但股权集中样本的业绩指标总体上高于股权分散样本的业绩指标。

表 6 - 3　　　　回归模型中变量的描述性统计（按股权集中度分）

股权集中度	指标	均值	标准差	最小值	最大值	中位数
股权分散	*OP*_1	0. 060	0. 205	-0. 971	0. 448	0. 070
	*OP*0	0. 132	0. 147	-0. 015	0. 725	0. 091
	*OP*1	0. 156	0. 354	-0. 084	1. 804	0. 079
	*OP*2	0. 081	0. 100	-0. 126	0. 295	0. 060
	*ROA*_1	0. 025	0. 116	-0. 558	0. 250	0. 037
	*ROA*0	0. 046	0. 041	0. 004	0. 227	0. 036
	*ROA*1	0. 036	0. 030	-0. 036	0. 127	0. 035
	*ROA*2	0. 033	0. 027	-0. 043	0. 093	0. 032

续表

股权集中度	指标	均值	标准差	最小值	最大值	中位数
股权分散	*ROE*_1	0.112	0.165	-0.612	0.881	0.097
	*ROE*0	0.123	0.110	0.010	0.521	0.090
	*ROE*1	0.094	0.080	-0.156	0.340	0.088
	*ROE*2	0.087	0.070	-0.062	0.299	0.085
股权集中	*OP*_1	0.015	0.381	-3.040	0.448	0.058
	*OP*0	0.107	0.129	-0.271	0.725	0.078
	*OP*1	0.117	0.217	-0.315	1.804	0.071
	*OP*2	0.105	0.165	-0.241	0.845	0.067
	*ROA*_1	0.045	0.114	-0.558	0.683	0.040
	*ROA*0	0.049	0.045	-0.071	0.227	0.044
	*ROA*1	0.045	0.045	-0.075	0.197	0.039
	*ROA*2	0.040	0.050	-0.073	0.254	0.032
	*ROE*_1	0.102	0.191	-0.817	1.000	0.095
	*ROE*0	0.107	0.113	-0.188	0.662	0.089
	*ROE*1	0.100	0.102	-0.257	0.408	0.090
	*ROE*2	0.087	0.102	-0.232	0.378	0.083

注：上述数据来自 Wind 金融数据库和 CSMAR 数据库。

6.2.5 模型设计

结合增发当年及次年的业绩指标、均值与增长率，分别构建本书所要研究的回归模型，如下所示：

$$OP0 \mid OP1 \mid AVGOP \mid OPR = \alpha_0 + \alpha_1 Bigbuy + \alpha_2 Discount + \alpha_3 Lnsize + \sum \alpha_i Control + \varepsilon_i \quad (6-1)$$

$$OP0 \mid OP1 \mid AVGOP \mid OPR = \alpha_0 + \alpha_1 Sharech + \alpha_2 Inst + \alpha_3 Discount + \alpha_4 Lnsize + \sum \alpha_i Control + \varepsilon i \quad (6-2)$$

$$ROA0 \mid ROA1 \mid AVGROA \mid ROAR = \beta_0 + \beta_1 Bigbuy + \beta_2 Discount + \beta_3 Lnsize + \sum \beta_i Control + \varepsilon i \quad (6-3)$$

$$ROA0 \mid ROA1 \mid AVGROA \mid ROAR = \beta_0 + \beta_1 Sharech + \beta_2 Inst + \beta_3 Discount + \beta_4 Lnsize + \sum \beta_i Control + \varepsilon_i \quad (6-4)$$

$$ROE0 \mid ROE1 \mid AVGROE \mid ROER = \gamma_0 + \gamma_1 Bigbuy + \gamma_2 Discount + \gamma_3 Lnsize + \sum \gamma_i Control + \varepsilon_i \quad (6-5)$$

$$ROE0 \mid ROE1 \mid AVGROE \mid ROER = \gamma_0 + \gamma_1 Sharech + \gamma_2 Inst + \gamma_3 Discount + \gamma_4 Lnsize + \sum \gamma_i Control + \varepsilon_i \quad (6-6)$$

Bigbuy 是大股东认购定向增发数量占定向增发发行总股数比例；

Sharech 是股权集中度指标，大股东认购比例大于增发前大股东持股比例时取 1，否则取 0；

Inst 为发行对象的虚拟变量，当发行对象包含机构投资者时取 1，否则取 0；

Discount 为折价率，衡量大股东的利益侵占程度；

BM 为定向增发前账市比（book-to-market）；

Lev 为上市公司定向增发前一年末资产负债率，是衡量公司质量的重要标准（Jensen and Meckling，1976）；

TobinQ 是公司市场价值与公司总资产的比值；

Lnsize 为定向增发前公司总股本的自然对数。

业绩变量分别为营业利润率 *OP*、总资产报酬率 *ROA*、净资产收益率 *ROE*。为使研究结果更全面、更具说服力，对业绩变量又做如下细分：选取增发后第一年、发行当年与发行后 1 年的均值、相对于发行前一年的收益率的相对值。以 *ROE* 为例，*ROE* 收益率变量可以为绝对收益即发行后 1 年的收益率 *ROE*1，也可以为发行当年与发行次年 *ROE* 的平均值 $AVGROE = (ROE0 + ROE1)/2$ 以及相对值 *ROER* 计算公式如下：

$$ROER = \frac{(ROE1 - ROE0)}{ROE0} \quad (6-7)$$

即 *ROER* 指上市公司定向增发后第一年的 *ROE* 相对于增发当年的 *ROE* 计算的净资产收益率的增长率。

6.3 实证分析

6.3.1 回归模型各变量的相关系数分析

进行多元回归分析之前，本章首先对回归模型中的主要变量进行了相关性检验。表 6-4 列示了因变量为 *ROE*0、*ROE*1、*AVGROE*、*ROER* 时各变量之间的相关系数，VIF 检验多重共线性的值都不大于 5，表明模型不存在多重共线性问题。

表6-4 ***ROE*** **与发行特征的相关系数**

	ROE0	*ROE1*	*AVGROE*	*ROER*	*Bigbuy*	*Sharech*	*Inst*	*Discount*	*TobinQ*	*BM*	*Lev*	*Lnsize*
ROE0	1											
ROE1	0.493***	1										
AVGROE	0.872***	0.845***	1									
ROER	-0.0700	0.544***	0.273***	1								
Bigbuy	0.130**	0.122*	0.176***	0.001	1							
Sharech	-0.042	0.017	-0.03	-0.015	0.448***	1						
Inst	-0.102**	-0.102**	-0.136***	-0.041	-0.819***	-0.137***	1					
Discount	0.198***	0.021	0.131***	0.004	0.043	0.002	-0.054	1				
TobinQ	0.203***	0.191***	0.263***	0.02	0.044	0.063	-0.039	0.185***	1			
BM	-0.216***	-0.140***	-0.240***	-0.046	-0.029	-0.01	-0.041	-0.222***	-0.713***	1		
Lev	0.067	0.052	0.069	-0.025	0.03	0.025	-0.091**	-0.090*	-0.153***	0.313***	1	
Lnsize	-0.093**	-0.059	-0.118**	-0.025	0.036	-0.063	-0.130***	-0.128***	-0.205***	0.307***	0.254***	1

注：1. 上表所列示为 pearson 相关系数表；2. *** 表示在1%水平上显著，** 表示在5%水平显著，* 表示在10%水平显著。

从上述表6－4中各变量间的相关系数可以看出，定向增发当年的净资产收益率*ROE*0与第一大股东认购比例在5%的统计水平显著正相关，与机构投资者参与认购在5%的统计水平显著负相关，与折扣率（*Discount*）及公司成长性指标*TobinQ*值显著正相关；定向增发后第一年的净资产报酬率*ROE*1与第一大股东认购比例在10%的统计水平显著正相关，增发当年和增发后第一年的净资产收益率均值*AVGROE*与第一大股东认购比例在1%的水平显著正相关，说明所选取的经营绩效指标具有很强的代表性，而定向增发后第一年的净资产收益率*ROE*1、净资产收益率的均值*AVGROE*与机构投资者参与认购、折扣率、公司成长性及账市比均显著相关，符号与定向增发当年的净资产收益率一致。总体而言，从各变量的相关系数来看，均在0.3以下，且以净资产收益率的各个指标为因变量的模型的多重共线性（*VIF*）检验结果均在5以下，不存在多重共线性问题。

而营业利润率、总资产报酬率指标与第一大股东认购比例、折扣率、公司成长性指标*TobinQ*之间亦显著正相关；衡量各经营绩效指标之间存在的区别仅是显著性水平，相关性的符号不存在差异，结果不赘述。

6.3.2 定向增发前后经营业绩分析

为检验大股东参与认购对定向增发前后经营业绩的影响，本书分别按认购对象是否包括大股东及股权集中度进行划分，比对不同维度下所选三个财务指标：总资产报酬率（*ROA*）、净资产收益率（*ROE*）、营业利润率（*OP*）的差异。

由表6－5可发现，在总资产报酬率指标（*ROA*）中，在大股东未参与认购组，*ROA*在定向增发当年达到最大值，之后开始下降，呈现先增后降的态势；而大股东参与认购组的*ROA*值则呈现持续的下降，且在实施定向增发当年及增发后两年的总资产报酬率均低于大股东未参与认购组，T检验分别在10%与5%的统计水平显著，Wilcoxon秩和检验在5%、10%的水平显著。

在净资产收益率指标（*ROE*）中，大股东未参与认购组的*ROE*持续下降，而大股东认购组的*ROE*先增后降，并在定向增发当年达到最大值，两者差异在定向增发前一年在5%的水平显著。

营业利润率指标中，两组均在增发次年达到最高点，增发前一年及增发当年大股东参与认购组的营业利润均值高于未参与组，而增发后的两年间则相反，增发前一年两者的中位数差异在10%的水平显著，其余均值及中位数差异不显著。

综合各个业绩指标的比对分析可知，大股东参与定向增发认购对经营业绩有一定的支持作用，但与大股东未参与定向增发组的差异并不是十分显著。然而，按认购对象分类并未细分出大股东参与定向增发的程度，参与程度不同可能对经营业绩会产生不同的影响，为此本书将股权集中度加入解释变量中，探讨大股东参与定向增发认购，使股权集中度发生变化时对经营业绩的影响。

表6-5 定向增发对经营业绩的影响分析（按认购对象比较）

总资产报酬率	Variable	*ROA*_1	*ROA*0	*ROA*1	*ROA*2
大股东不参与认购	N	208	207	166	141
	均值	0.037	0.053	0.049	0.045
	中位数	0.043	0.047	0.044	0.037
大股东参与认购	N	288	288	242	218
	均值	0.047	0.046	0.041	0.035
	中位数	0.038	0.039	0.037	0.030
t检验		-0.961	1.868*	1.970**	1.841*
		(0.337)	(0.063)	(0.050)	(0.067)
Wilcoxon检验		1.255	2.026**	2.83**	1.792*
净资产收益率	Variable	*ROE*_1	*ROE*0	*ROE*1	*ROE*2
大股东不参与认购	N	195	207	166	141
	均值	0.120	0.107	0.101	0.090
	中位数	0.103	0.089	0.094	0.083
大股东参与认购	N	276	288	242	218
	均值	0.091	0.110	0.098	0.086
	中位数	0.093	0.090	0.087	0.081
t检验		1.704*	-0.29	0.323	0.394
		(0.089)	(0.272)	(0.347)	(0.694)
Wilcoxon检验		1.753*	0.061	0.744	0.154
营业利润	Variable	*OP*_1	*OP*0	*OP*1	*OP*2
大股东不参与认购	N	201	197	159	136
	均值	0.004	0.109	0.123	0.102
	中位数	0.067	0.085	0.073	0.068
大股东参与认购	N	279	280	235	210
	均值	0.030	0.109	0.118	0.105
	中位数	0.054	0.075	0.068	0.060
t检验		-0.703	-0.026	0.238	0.394
		(0.483)	(0.480)	(0.312)	(0.694)
Wilcoxon检验		1.752*	0.554	0.954	0.259

注：*、**、*** 分别表示在10%，5%，1%统计水平显著，括号中为t值。

6.3.3 模型回归结果分析

为检验大股东、机构投资者参与定向增发认购对经营绩效的影响，本章设计了模型（6－1）~模型（6－6）用大股东认购比例、股权集中度、机构投资者认购作为大股东、机构投资者参与定向增发的衡量指标，我们预期如果大股东参与定向增发的比例越高，由于锁定期限制，大股东出于自利的动机，也会对上市公司经营业绩应发挥正向的支持作用，从而起到间接利他的效果，促进上市公司的经营业绩。

表6－6、表6－7分别列示了模型（6－5）和模型（6－6）的回归结果，Model1、Model2、Model3、Model4分别表示以定向增发当年、次年的净资产收益率，两年均值及相对值指标作为被解释变量，大股东认购比例、股权集中程度、机构投资者认购为解释变量时的回归结果：

定向增发当年净资产收益率（*ROE*0）与大股东认购比例（*Bigbuy*）在5%的水平上显著正相关，定向增发次年净资产收益率（*ROE*1）与第一大股东认购比例（*Bigbuy*）在10%的水平上显著正相关，定向增发当年与次年的净资产收益率均值（*AVGROE*）与第一大股东认购比例（*Bigbuy*）在1%的水平上显著正相关，说明第一大股东认购比例越高，定向增发后可以进一步增强其对上市公司的影响，后续长期经营绩效越好，大股东认购存在支持效应H1a成立。

净资产收益率指标与股权集中度指标正相关，但不显著，说明大股东认购比例的提高，对经营业绩有一定的支持效应侧面印证了H1a成立。

净资产收益率指标与机构投资者持股负相关且显著，说明机构投资者的监督作用不明显，而且可能因机构投资者持股比例较小，且锁定期较短，监督动力不足，可能转而与大股东合谋，只关注定向增发时的增发利益，H2b成立。机构投资者认购对长期绩效的促进作用与我们所期待的结果相反，但也侧面说明对机构投资者的激励不够，监管部门及上市公司也应制定出更好的吸引投资政策，也应鼓励机构投资者积极地参与定向增发，以更好的监督上市公司，提高上市公司定向增发后的长期经营绩效。

增发当年的净资产收益率与折扣率负相关但不显著，说明定向增发时较高的折扣率可能是对未来收益的补偿；净资产收益率指标中的增发当年净资产收益（*ROE*0）、净资产收益均值（*AVGROE*）与增发的股本规模分别在10%的水平上显著正相关，说明发行规模越大，未来业绩会越好。

另外，从上述回归结果还发现，第一，定向增发当年的净资产收益率（*ROE*0）、增发当年与次年的均值（*AVGROE*）与资产负债率（*Lev*）在5%的水平上显著正相关，说明在锁定期内，资产负债率越高对公司未来收益越高；第二，经营绩效指标平均净资产收益率（*AVGROE*）与公司在定向增发前公司的成长性托宾 *Q* 值（*TobinQ*）在 10% 的水平上显著正相关，说明成长性越好的公司未来收益也越好这与预测一致。

表 6－6　　净资产收益率回归分析（以大股东认购比例为自变量）

	(1)	(2)	(3)	(4)
	*ROE*0	*ROE*1	*AVGROE*	*ROER*
Bigbuy	0.040 ** (2.05)	0.034 * (1.88)	0.049 *** (2.89)	0.007 (0.03)
Discount	0.050 ** (2.29)	0.005 (0.27)	0.021 (1.17)	0.057 (0.22)
TobinQ	0.006 (1.31)	0.007 (1.30)	0.008 * (1.69)	-0.069 (-0.97)
BM	-0.060 (-1.37)	-0.023 (-0.54)	-0.061 (-1.53)	-0.565 (-0.97)
Lev	0.089 ** (2.51)	0.047 (1.40)	0.075 ** (2.41)	-0.171 (-0.38)
Lnsize	-0.007 (-0.94)	-0.007 (-0.96)	-0.009 (-1.46)	-0.025 (-0.27)
_cons	0.193 (1.30)	0.180 (1.32)	0.238 * (1.89)	0.916 (0.50)
N	276	231	231	231
F	5.472	2.175	6.467	1.305
Adj R^2	0.089	0.030	0.125	-0.018

注：***、**、* 分别表示在 1%，5%，10% 统计水平显著，括号中为 *t* 值。

表 6－7　　净资产收益率回归分析（以股权集中度为自变量）

	(1)	(2)	(3)	(4)
	*ROE*0	*ROE*1	*AVGROE*2	*ROER*
Sharech	0.002 (0.12)	0.028 (1.34)	0.014 (0.75)	-0.018 (-0.06)
Inst	-0.026 ** (-2.43)	-0.022 ** (-2.01)	-0.030 *** (-3.09)	-0.161 (-1.07)

续表

	(1) ROE0	(2) ROE1	(3) AVGROE2	(4) ROER
Discount	0.040** (2.44)	-0.009 (-0.56)	0.012 (0.83)	-0.056 (-0.25)
TobinQ	0.002 (0.70)	0.008** (2.17)	0.007** (2.07)	-0.011 (-0.22)
BM	-0.082*** (-2.69)	-0.020 (-0.60)	-0.059** (-2.01)	-0.344 (-0.77)
Lev	0.075*** (2.97)	0.049* (1.85)	0.074*** (3.16)	-0.088 (-0.24)
Lnsize	-0.007 (-1.30)	-0.005 (-0.83)	-0.009* (-1.76)	-0.018 (-0.24)
_cons	0.260** (2.37)	0.148 (1.34)	0.264*** (2.68)	0.632 (0.42)
N	471	387	387	387
F	6.693	3.308	7.468	1.316
Adj R^2	0.078	0.040	0.105	0.013

注：***、**、*分别表示在1%，5%，10%统计水平显著，括号中为 *t* 值。

表6-8、表6-9列示了因变量为营业利润率，自变量分别为大股东认购比例和股权集中度时的回归结果，与净资产收益率的回归结果基本一致。大股东持股比例与营业利润率正相关但不显著，折扣率与定向增发当年的营业利润率在5%的水平正相关，机构投资者参与认购与营业利润率负相关，可能的原因是机构投资者的锁定期限短且持股比例较小，对业绩指标的影响不显著。

表6-8　营业利润率回归分析（以大股东认购比例为自变量）

	(1) OP0	(2) OP1	(3) AVGOP	(4) OPR
Bigbuy	0.013 (0.63)	0.050 (1.23)	0.044 (1.54)	-0.544 (-0.92)
Discount	0.050** (2.11)	-0.008 (-0.18)	0.012 (0.41)	-0.164 (-0.26)

续表

	(1) OP0	(2) OP1	(3) AVGOP	(4) OPR
TobinQ	-0.001 (-0.06)	-0.002 (-0.19)	-0.002 (-0.22)	-0.095 (-0.55)
BM	-0.079* (-1.67)	-0.115 (-1.18)	-0.129* (-1.90)	-1.332 (-0.95)
Lev	-0.144*** (-3.71)	-0.211*** (-2.80)	-0.168*** (-3.20)	-1.121 (-1.03)
Lnsize	0.017** (2.08)	-0.001 (-0.05)	0.006 (0.59)	-0.211 (-0.95)
_cons	-0.140 (-0.87)	0.274 (0.90)	0.119 (0.56)	5.765 (1.31)
N	275	230	230	230
F	5.874	2.744	4.624	2.021
Adj R^2	0.096	0.044	0.087	0.01

注：***、**、*分别表示在 1%，5%，10%统计水平显著，括号中为 t 值。

表 6-9　　营业利润率回归分析（以股权集中度为自变量）

	(1) OP0	(2) OP1	(3) AVGOP	(4) OPR
Sharech	-0.012 (-0.62)	0.029 (0.69)	0.015 (0.50)	-0.067 (-0.10)
Inst	-0.022* (-1.82)	-0.049** (-2.22)	-0.040*** (-2.61)	0.063 (0.18)
Discount	0.026 (1.38)	-0.013 (-0.38)	0.007 (0.30)	-0.120 (-0.23)
TobinQ	0.003 (0.79)	0.001 (0.14)	0.001 (0.16)	-0.036 (-0.31)
BM	-0.066* (-1.90)	-0.083 (-1.26)	-0.092** (-1.99)	-0.904 (-0.87)

续表

	(1) *OP*0	(2) *OP*1	(3) *AVGOP*	(4) *OPR*
Lev	-0.144*** (-5.03)	-0.199*** (-3.71)	-0.164*** (-4.38)	0.054 (0.06)
Lnsize	0.016** (2.56)	0.006 (0.56)	0.009 (1.19)	-0.030 (-0.17)
_cons	-0.089 (-0.73)	0.132 (0.59)	0.066 (0.43)	0.838 (0.24)
N	468	385	385	385
F	8.557	3.978	6.503	1.196
Adj R^2	0.102	0.051	0.091	-0.015

注：***、**、*分别表示在1%，5%，10%统计水平显著，括号中为 *t* 值。

表6-10、表6-11列示了因变量为总资产收益率，自变量分别为大股东认购比例和股权集中度时的回归结果，与净资产收益率的回归结果基本一致。这说明无论是单个关于经营绩效的衡量指标，还是经营绩效的相对衡量指标，都显示出定向增发后上市公司经营绩效显著提高，并且这一提高与大股东认购比例、股权集中度、增发前股本规模等有着正的相关关系。因变量的多重计算法从另一侧面说明了本书研究结论的可靠性。

表6-10　　总资产收益率回归分析（以大股东认购比例为自变量）

	(1) *ROA*0	(2) *ROA*1	(3) *AVGROA*	(4) *ROAR*
Bigbuy	0.001 (0.14)	0.006 (0.76)	0.007 (0.98)	-0.088 (-0.43)
Discount	0.015* (1.86)	-0.003 (-0.31)	0.003 (0.45)	0.063 (0.29)
TobinQ	0.003 (1.51)	0.002 (0.98)	0.003* (1.71)	-0.037 (-0.62)
BM	-0.035** (-2.23)	-0.030 (-1.61)	-0.037** (-2.35)	-0.270 (-0.55)

续表

	(1) ROA0	(2) ROA1	(3) AVGROA	(4) ROAR
Lev	-0.026**	-0.021	-0.022*	-0.001
	(-1.99)	(-1.47)	(-1.75)	(-0.00)
Lnsize	0.001	-0.001	-0.030	0.020
	(0.24)	(-0.23)	(-0.14)	(0.26)
_cons	0.056	0.075	0.073	-0.274
	(1.05)	(1.28)	(1.46)	(-0.18)
N	276	231	231	231
F	8.178	3.633	8.270	2.128
Adj R^2	0.135	0.064	0.159	0.023

注：***、**、*分别表示在1%，5%，10%统计水平显著，括号中为*t*值。

表6-11　总资产收益率回归分析（以股权集中度为自变量）

	(1) ROA0	(2) ROA1	(3) AVGROA	(4) ROAR
Sharech	-0.001	0.010	0.004	0.037
	(-0.17)	(1.05)	(0.54)	(0.15)
Inst	-0.001	-0.004	-0.004	-0.027
	(-0.32)	(-0.92)	(-1.01)	(-0.21)
Discount	0.007	-0.007	-0.001	-0.013
	(1.13)	(-1.01)	(-0.21)	(-0.07)
TobinQ	0.001	0.001	0.002	-0.006
	(0.58)	(0.81)	(1.20)	(-0.13)
BM	-0.052***	-0.036**	-0.047***	-0.219
	(-4.36)	(-2.50)	(-3.76)	(-0.57)
Lev	-0.030***	-0.026**	-0.025**	0.156
	(-3.02)	(-2.24)	(-2.46)	(0.51)
Lnsize	0.012	-0.013	-0.001	0.005
	(0.10)	(-0.09)	(-0.25)	(0.08)

续表

	(1) ROA0	(2) ROA1	(3) AVGROA	(4) ROAR
_cons	0.086** (2.00)	0.074 (1.52)	0.092** (2.21)	−0.156 (−0.12)
N	471	387	387	387
F	12.146	5.389	10.831	0.095
Adj R^2	0.142	0.074	0.151	0.117

注：***、**、*分别表示在1%，5%，10%统计水平显著，括号中为 t 值。

6.4 稳健性检验

上述关于实施定向增发的上市公司经营业绩的实证设计中已选用总资产报酬率、净资产收益率、营业利润率，并分别采用绝对值、相对值等不同维度来衡量定向增发后经营业绩的变化。指标选取的多样性一定程度上保证了实证结果的可靠性，但为了尽可能的避免偏误，采用经行业调整后的相对经营绩效指标予以替代。考虑到在我国资本市场上寻找参照或匹配公司主观性、配对样本选取标准的困难性，本书亦参照章卫东（2005）的做法采用以下收益率计算方法，即经行业调整后的经营绩效指标作为新的替代指标。以经行业调整后的净资产收益率为例，其计算公式为：

$$ROERI = \frac{ROE1 - ROEI}{ROEI} \tag{6-8}$$

*ROE*1 是定向增发后第一年末的净资产收益率指标；*ROEI* 是定向增发后第一年末公司所在行业的平均净资产收益率指标。*ROERI* 比 *ROER* 多一个 *I* 以示区分，以此方法分别计算 *OPRI*、*ROARI*。

$$OPRI \mid ROARI \mid ROERI = \beta_0 + \beta_1 Bigbuy + \beta_2 Discount + \beta_3 Lnsize + \sum \beta_i control + \varepsilon_i \tag{6-9}$$

$$\begin{aligned} OPRI \mid ROARI \mid ROERI = {} & \beta_0 + \beta_1 Sharech + \beta_2 Inst + \beta_3 Discount \\ & + \beta_4 Lnsize + + \sum \beta_i Control + \varepsilon_i \end{aligned} \tag{6-10}$$

模型（6－9）、模型（6－10）为稳健性检验的回归模型，主要的解释变量与模型（6－1）~模型（6－6）相同。结果表明，采用经行业调整的经营绩效指标作为被解释变量时，回归结果中主要变量的相关性及显著性与原模型均保持一致，从而进一步证明了上述回归分析模型及变量选取的可靠性。

6.5 本章小结

本章检验分析了上市公司实施定向增发对其经营绩效的影响，属于定向增发的经济后果之二。研究发现，上市公司实施定向增发后，上市公司经营绩效明显提升；定向增发后经营绩效的明显提升与上市公司定向增发前大股东认购比例、发行规模、定向增发前的股本规模、发行前资产负债率、公司成长性存在显著的正相关关系。这些结论为我国资本市场上关于定向增发经济后果研究，特别是定向增发对公司经营绩效影响研究提供了进一步新的文献积累。

在本章，首先将定向增发公司样本按控股股东认购比例和原有持股比例之间的大小关系，将定向增发分为股权集中和分散两大类，对经营业绩进行统计。本章针对上市公司定向增发前后及增发当年的经营绩效对其均值和中位数两大指标对比分析；经营绩效主要采用三大业绩指标：营业利润率、总资产报酬率和净资产收益率，并进一步将指标细化为绝对指标、与定向增发当年经营业绩相比的增长率、经行业平均值调整后的相对指标分别进行回归分析，结果显示，三种绩效指标在三年间均值均比较高，也即定向增发后上市公司整体的经营绩效得到明显的改善和提升。

从大股东认购的支持侵占效应分析来看，大股东认购比例对长期经营业绩有显著正的影响，没有发现大股东在定向增发中的侵占效应，却表现出显著的支持效应。从绝对业绩和相对于公司发行当年的业绩增长率、相对于行业平均业绩的回归分析来看，发行后大股东股权集中度的增加与业绩变量虽然不显著但正相关，这表明股权集中度对上市公司定向增发后的长期业绩有一定的支持作用；但机构投资者参与认购与所选大部分长期经营业绩指标却显著负相关，未能出现我们所期待的机构投资者认购对上市公司长期绩效的促进作用。可能的原因是机构投资者认购比例小、锁定期短、认购折扣较高，提前获得增发收益减少了监督动力，从而导致对定向增发后长期绩效的支持作用不显著。因此，为充分调动机构投资者的监督动力，应鼓励其加大认购比例，并可从制度上考虑适当延长机构投资者认购的锁定期，使机构投资者与上市公司利益最大程度保持一致，充分发挥积极投资者的监督作用。

第 7 章

主要研究结论及政策建议

7.1 主要结论

本书对我国上市公司定向增发定价和经济后果进行了较为系统的探讨。以代理理论、信息不对称等经典理论为基石，分析定向增发定价、短期宣告效应，长期市场反应及长期业绩表现等现象背后蕴含的深层次原因，推导出值得进一步论证的假设，而后用实证的方法予以检验和支持。从定向增发中大股东、机构投资者及中小股本利益均衡视角出发，分析在利益相关者共同作用下的定向增发定价机制，并在此基础上找出影响定价选择的核心因素，以揭示定价机制的公平性，基于代理理论和信息不对称理论分析大股东和机构投资者在定向增发中的不同作用，解释二者对上市公司定向增发经济后果的影响。而定向增发中大股东或机构投资者在定价环节获取折价收益只是增发收益的一小部分，仅研究定向增发的起点——折扣率，不探究定向增发后的短期宣告效应、长期业绩、长期收益率与认购对象及折扣率的关联，研究结论会略显单薄。因此，纵向上应从定向增发认购者视角出发，对大股东、机构投资者在定向增发中的监督与合谋效应，大股东对上市公司的支持与侵占作用分别进行分析，使研究过程更完整。

基于理论分析与实证结果，本书得出以下几个结论：

（1）定向增发定价决定了利益如何在参与增发股东与原股东之间进行分配，因此低价发行既是机构投资者、大股东监督或者合谋行为的补偿，也可以是大股东支持或者侵占的证据，同时根据风险补偿理论又可以被视为未来风险收益的补偿。但归根到底还是在大股东主导下依据双方的实力制定出利于双方的发行价，因双方目标利益不同，在均衡过程中会有一定程度的折中。综合考虑影响定向增发定价的各种因素：监督成本、管理者防御、信息搜寻成本、风险补偿，处于信息优势和股权优势地位的大股东会权衡利弊，尽可能地选择较低的发行价格，以最低的成本获取最大的定向增发收益。实证检验发现大股东持股比例越高，增发前持股比例与认购比例之差越大，在大股东与中小股东的利益分离程度越大，相应的折价率也越高。可见大股东认购比例与低价发行有着很大的关联，但低价发行也不仅仅是侵占效应在起作用，从监控假说、信息不对称假说、风险补偿角度而言，大股东在定向增发中参与程度越高，不确定性也越大，显而易见对发行价格会有补偿要求。

（2）为了使研究脉络更清晰，在经济后果的实证研究部分将样本范围缩小细分，剔除了大股东和机构投资者以外的认购对象，并将认购类型分为仅大股东认购、仅机构投资者认购以及大股东和机构投资者同时认购这三种类型。将研究区间前移扩展至预案公告日，充分比对预案公告日前后的内幕交易行为与公告效应，以及增发公告日前后的短期公告效应，并分别验证认购对象为大股东和机构投资者时公告效应是否会不同。但内幕交易和公告效应是短期市场反应，只能部分显示出投资者对定向增发行为乐观与否，并无法反映与长期收益率的相关性。因此本书又进一步对增发后公司的长期收益率，长期收益率与认购对象、折扣率的相关关系，长短期市场反应的相关性进行了研究，更全面地反映定向增发从预案公告日至解禁日的市场反应。实证结果表明：

从短期公告效应的实证结果可以看出，大股东持股比例与预案公告日前 20 天的超额累计收益相关关系不显著，即没有直接证据表明大股东在预案公告前有掏空动机；预案公告日后 20 天的宣告效应显著为正，且大股东认购比例与预案公告日后 20 天超额累计收益显著正相关。说明大股东认购的信息传递与确认作用被市场所认可，对上市公司的定向增发有一定的支持作用。但从增发公告日后 20 天的宣告效应来看，大股东认购的信息确认作用减弱，显著为负，且超额累计收益大幅下降，可能的原因是定向增发从预案公告至增发公告的间隔较长，数次利好消息的公布已使增发公告日的宣告效应减弱。这一结论也从侧面说明定向增发的短期公告效应的事件窗口应前移至预案公告日，辅以增发公告日的事件研究，以使研究视角更为全面。

从机构投资者认购比例与内幕交易的相关性结果来看，机构投资者认购比例与内幕交易程度的替代变量显著负相关，说明机构投资者认购对定向增发前的内幕交易程度有抑制作用；与增发公告效应正相关，表明机构认购向市场传递了积极的信号。且由短期宣告效应分析可知，在预案公告前后 20 天、增发公告后 20 天，仅向机构投资者发行的公告效应要优于大股东认购的公告效应，说明作为有能力的监督者及参与者，机构投资者参与认购降低了信息不对称程度，监督效应、支持作用得到了很好的体现。

从长期收益率的回归分析可知大股东认购比例越高，长期收益越好对上市公司起支持作用；在机构投资者认购比例模型中，机构投资者的认购比例与长期收益率均不存在显著的相关性，可见从长期来看，可能缘于机构投资者持股比例较小，无法充分发挥其监督职能。

长期收益与短期市场反应的相关性的实证分析中，预案公告前 20 天超额收益率与发行后 6 个月、9 个月、12 个月以及 36 个月的持有期超额收益（BHAR）均显著负相关，表明预案公告前超额累计收益越大对长期收益有负的影响。严格的锁定期制度安排对抑制内幕交易产生了积极的作用，内幕交易越严重，在锁定期所获的长期收益也越少；对于不存在内幕交易或择机发行的公司，在锁定期理所应当就会有较好的长期收益表现。

（3）上市公司实施定向增发后，经营绩效提升；而定向增发后经营绩效的明显提升与大股东认购比例、定向增发前股本规模、公司成长性存在显著正相关关系。大股东认购比例与长期经营业绩显著正相关，没有直接的证据表明大股东在定向增发中的侵占效应，却表现出明显的支持效应。而机构投资者参与认购与所选大部分长期经营业绩指标却负相关，对实施定向增发的上市公司长期业绩的促进作用未显现。这些结论为定向增发对公司经营绩效影响的实证研究提供了些许经验证据，尽管在研究方法、研究指标、研究数据等方面存在一些缺陷，但至少有些许启发作用。

7.2 政策建议

基于以上研究结论，我们进一步提出了以下几点政策建议：

（1）通过对内幕交易、公告效应分析发现定向增发后 20 天的超额累计收益与预案公告日前后 20 天的超额累计收益不同，没有显著为正，而预案公告日至发行公告日却有可观的期间收益。从定向增发预案公告日至发行日时间间隔的统计可知，从预案公告至发行公告最短一个月，最长拖延超过一年之久（当然由于上市公司定向增发需求日益增多，亦会延长审核周期），且在如此漫长的审核间存在多次利好消息的释放，在严重内幕交易、羊群效应的市场环境，利好消息在此期间提前出尽，过久的审核周期为寻租和利益输送赢得了操控的时间与空间。投资者认购的折扣较高，提前获得收益，减少了监督动力，从而导致发行后的长期收益率不理想。因此为了最大限度缩短核准周期，提高发审速度，减少获准发行后 6 个月择机发行的选择期限。

（2）为减少由于折扣率影响带来的侵占问题和弱监督问题，使定价更为科学、合理、透明，监管部门应推出更加完善、详尽的审核制度，并细化发行定价制度。从上市公司定向增发基本信息表可知，定价基准日的选择不一而足，有董事会决议公告日、股东大会决议公告日、发行日首日以及其他不确定类型，因此应减少上市公司对定价基准日的可选择性，进一步压缩人为操控定价的空间；其次对于定价基准日前的打压股价行为，应补充提出相应的业绩考核方法并延长均值计算区间，比如由定价基准日的前 20 天延长至 30 天或者更长时间段，增大其操纵股价的成本及难度，以便更好地保护中小投资者的利益，促进定向增发市场良性发展。

（3）从本书的研究结论可以看出，当机构投资者参与定向增发时，机构投资者认购比例与预案公告前的超额累计收益负相关，可见机构投资者的加入有利于抑制内幕交易，从而使定向增发过程更加透明化；预案公告日后 20 天的超额累计收益要大于只向大股东增发的样本，且机构投资者参与认购与增发公告日的公告效应正相关，可见机构投资者认购向市场传递了积极的信号，得到了资本市场正向的回馈。但从长期业绩与机构投资者的回归结果可以看出，机构投资者参与认购变量并未与长期业绩有显著的相关关系，未能出现我们所期待的对长期市场反应、长期业绩正的促进作用。可能的原因是机构投资者认购比例较小，且锁定期相对于大股东三年的期限而言显得有些短暂，因此一定程度上削弱了机构投资者的监督动力与深入参与上市公司经营愿望，大部分呈现出了消极投资者的短视行为，只关注增发折扣利益与锁定期内的短期投资收益，本应发挥强有力的监督促进作用，却因动力不足使监督职能缺位。因此，证监会应鼓励机构投资者参与定向增发，加大认购比例并适当延长机构投资者的锁定期限，使其利益最大限度上与实施定向增发的上市公司保持一致，自利的同时也能利他。以充分发挥机构投资者在定向增发中对大股东及管理层监督制衡的作用，以达到保护广大中小股东利益的目的。

（4）证监会在审批仅大股东认购的定向增发类型时，由于大股东对上市公司的绝对操控性，应该密切关注定向增发的定价政策，考察其定价基准日的选择是公允，是否存在择机发行的倾向。建立定向增发审核信用制，对于严重的打压股价，操控发行价格的行为，在审核环节一经发现，不予通过，且在规定年限内不得再次申请，并相应提高其审核标准比如加入增发前业绩指标的考核等，作为批准其定向增发申请的附加条件；发行后发现的，则应该给予处罚及通告，后续的审批条件也应相应严格。

7.3　研究局限及展望

本书在研究定向增发中由于数据的原因会出现以下不足：

第一，定向增发中部分样本既有现金认购又选择资产认购，现金认购和资产认购的预案公告日相同，但发行公告日不同。一般而言，现金认购的公告日在资产认购之前。有些上市公司的两个公告日期甚至相差 2 个月，这样无法确定选择哪一个公告日来计算其长期收益率和长期超额收益率。为口径的一致，本书统一将现金认购的时点来作为增发公告日，虽然此类情况无法避免且样本量少，但的确存在两个事件日。

第二，定向增发中部分样本认购方式多样，除机构投资者之外，大股东、大股东关联方、境外机构投资者、境内自然人既有现金认购又有股权认购还有债权认购，鉴于特殊认购方式的样本不多，为确保研究样本划分的准确性，本书未将其他的认购方式细分，只重点考察了资产认购、现金认购样本。由于认购方式的限制，会损失掉一部分样本。

第三，定向增发中以现金认购的外部投资者包括机构投资者、个人投资者，以及一些非金融机构的公司。本书统一将其视为外部投资者，并未对其进行分类研究，且只着重研究机构投资者。

根据以上分析及全文总结，作者认为以下几点值得继续研究：

第一，随着中国资本市场日渐成熟，参与定向增发认购的投资者在信息确认、监督等方面的积极性也会发生改变，因此定向增发中信息确认、监督效应等依然是未来的研究重点。

第二，定向增发中内幕交易问题依然是市场比较棘手的问题。本书仅从整体的平均状态对定向增发内幕交易行为进行分析，事实上，不同的案例，其内幕交易行为都有各自的特性，找出内幕交易行为影响因素，对辨别内幕交易中的信息传递有实践意义。

第三，定向增发飞速增长的原因在于一些公司无法从传统渠道获得融资。这可能是由于信息不对称，也可能是公司业绩不理想。现有研究发现许多公司是由于业绩不理想，也有部分公司可以通过公开市场获得资金，但考虑到融资成本，从而选择定向增发。定向增发是否需要更严格的法律进行监管以及如何改进，仍然值得研究。

第四，通过对时间跨度长达八年的定向增发样本研究发现，在1168次增发中，有200多家上市公司存在多次增发的现象。对多次增发样本的研究也是很有意义的课题，上市公司多次增发的动机、原因，多次增发公司的特征以及与一次增发相比上市公司通过多次增发是否会获得显著优于一次增发的增发收益及长期收益。随着定向增发的盛行，越来越多的上市公司会选择以定向增发作为股权再融资的手段，而已经实施定向增发的公司后续依然有再次增发的可能及要求，多次增发公司的数量必定会不断的攀升。因此，将多次增发样本单独研究并与一次增发公司、未实施定向增发公司的长期绩效进行比较，是未来值得深入研究的课题。

主要参考文献

[1] Allen, J. W., Phillips, G. M.. Corporate equity ownership, strategic alliances, and product market relation ships [J]. Journal of Finance, 2000 (55): 2791 - 2815.

[2] Asquith P., Mullins D. W. Equity issues and stock price dilution [J]. Journal of Financial Economics, 1986, Vol. 15: 61 - 89.

[3] Baek, J. - S., Kang, J. - K., Lee, I. Business Groups and Tunneling: Evidence from Private Securities Offerings by Korean Chaebols [J]. Journal of Finance, 2006 (5): 2415 - 2449.

[4] Baker Malcolm, Jeremy C. Stein and Jeffrey Wurgler, "When does the market matter? Stock prices and the investment of equity-dependent firms." NBER working paper series, 2002.

[5] Barber, B. M., Lyon J. D. Detecting abnormal operating performance: The empirical power and specification of test-statistics [J]. Journal of Financial Economics, 1996, Vol. 41: 359 - 399.

[6] Barclay, M. J., Holderness, C. G., Negotiated block trades and corporate control [J]. Journal of Finance, 1991 (46): 861 - 878.

[7] Barclay, M. J., Litzenberger, R. H. Announcement effects of new equity issues and the use of intraday price data [J]. The Journal of Financial Economics, 1988, Vol. 21: 71 - 99.

[8] Barclay, M. J., Holdemess, C. G., Private Benefits from Control of Public Corporations [J]. Journal of Financial Economics, 1989: 25.

[9] Barclay, M. J., Holderness C. G., Sheehan D P. Private Placements and Managerial Entrenchment [J]. Journal of Corporate Finance, 2007 (4): 461 - 484.

[10] Blazenko G. W. Managerial preference, asymmetric information, and financial structure [J]. Journal of Finance, 1987 (42): 839 - 869

[11] Brooks, L. D, Graham, J. E. Equity private placement, Liqud Assets, And firm value [J]. Journal of economics and finance, 2005, Vol. 29 (3): 321 - 336.

[12] Chaplinsky Susan, Haushalter David, Financing under Extreme Risk: Contract Terms and Returns to Private Investments in Public Equity [J]. Reviews of Financial Studies, 2010, Vol 23: 2789 - 2820 .

[13] Chen An - Sing, Cheng Lee - Young, Cheng Kuang - Fu, Earnings management, market discounts and the performance of private equity placements [J]. Journal of Banking&Finance, 2010, Vol. 34: 1922 - 1932.

[14] Chen S. Ho K. W. Lee C. Yeo G. Wealth effects of private equity placements: Evidence from Singapore [J]. The Financial Review, 2002 (37): 165 - 184.

[15] Chen, HC , Dai, N , Schatzberg, JD , The choice of equity selling mechanisms: PIPEs versus SEOs [J]. Joural of Corporate Finance, 2010, Vol. 16: 104 - 119.

[16] Chen, S. , M. DeFond, and C. Park. Voluntary disclosure of balance sheet information in quarterly earnings announcements [J]. Journal of Accounting and Economics, 2002 (33): 229 - 251.

[17] Chou, D. W. , M. Gombolab, and F. L. Liu, Long-run Under performance Following Private Equity Placements: The Role of Growth Opportunities [J]. Quarterly Review of Economics and Finance, 2009, 49 (3) : 1113 - 1128.

[18] Claessens, Stijin, Simeon Djankov, and Larry H. P. Lang, The separation of ownership and control in East Asian corporations [J]. Journal of Financial Economics, 2000, 58 (1 - 2): 81 - 112.

[19] Clarke, Jonathan, Craig Dunbar and Kathleen Kahle, Long-run performance and insider trading in completed and canceled seasoned equity offerings [J]. Journal of Financial and Quantitative Analysis, 2001 (36): 415 - 430.

[20] Connelly, BL , Certo, ST, Ireland, RD Reutzel, CR. Signaling Theory: A Review and Assessment [J]. Joural of Management, 2011, Vol. 37: 39 - 67.

[21] Conrad Jennifer, Gautam Kau1. Long-term overreaction or biases in computed returns? [J]. The Journal of Finance, 1993 (48): 39 - 63.

[22] E. Friedman, S. Johnson and T. Mitton, Propping and tunnelling [J]. Journal of Comparative Economics, 2003, 31 (4): 732 - 750.

[23] Easley, David & O'Hara, Maureen. Price, trade size, and information in securities markets [J]. Journal of Financial Economics, Elsevier, 1987, Vol. 19 (1): 69 - 90, September.

[24] Eckbo, B. Espen and Masulis, Ronald W. Adverse Selection and the Rights Offer Paradox [J]. Journal of Financial Economics (JFE). 1992, Vol. 32,

No. 3: 293 -332.

[25] Faccio M, Lang L H P. The ultimate ownership of Western European corporations [J]. Journal of Financial Economics, 2002 (65): 365 -395.

[26] Fama Eugene, Lawrence Fisher, Mitchell C. Jensen and Richard Roll. The adjustment of stock prices to new information [J]. International Economic Review, 1969 (10): 1 -21.

[27] Fama, E. , French, K. , Common risk factors in the returns of stocks and bonds [J]. Finan. Econ, 1993 (33): 3 -55.

[28] Fama, E. , Market efficiency, long-term returns, and behavioral finance [J]. Finan. Econ, 1998 (49): 283 -306.

[29] Fama, E. F. , MacBeth, J. D. , Risk, return, and equilibrium: Empirical tests [J]. Journal of Political Economy, 1973 (81): 607 -636.

[30] Fossen Frank M. The Private Equity Premium Puzzle Revisited – New Evidence on the Role of Heterogeneous Risk Attitudes [J]. ECONOMICA, 2011, Vol. 78: 656 -675.

[31] Gaver J, K Gaver. Additional evidence on the association between the investment opportunity set and corporate financing dividend, and compensation policy [J]. Journal of Accounting and Economics, 1993 (16): 125 -160.

[32] Gordon E A, Henry E, Palia D. Related Party Transactions: Associations with Corporate Governance and Firm Value EFA Maastricht Meetings Paper, 2004.

[33] Grossman S, Hart O. The costs and benefits of ownership: A theory of vertical and lateral integration [J]. The Journal of Political Economy, 1986 (94): 691 -719.

[34] Grossman, S. , Hart, O. Takeover Bids, the Free Rider Problem and the Theory of the Corporation [J]. Journal of Economics, 1980 (11): 42 -64.

[35] Hamish D. Anderson. Discounted Private Placements in New Zealand: Exploitati on or Fair Compensation? Working Paper Series, 2007.

[36] Hanouna, P. , A. Sarin, and A. Shapiro. Value of corporate control: Some international evidence, working paper, USC, 2001.

[37] Harris M, Raviv A. Corporate governance: Voting rights and majority rules [J]. Journal of financial economics, 1988 (20): 203 -235.

[38] Hertzel M, Lemmon M, Linck J S, Rees L. Long-run performance following private placements of equity [J]. Journal of Finance, 2002 (57): 2595 -2617.

[39] Hertzel M. Smith R. L. MarketDiscounts and Shareholder Gains for Placing Equity Privately [J]. Journal of Finance, 1993 (48): 56 -65.

[40] Hertzel, M and Smith, R. L. Long - Run performance following private placements of equity [J]. The journal of finance, 2002, Vol. 6: 2595 -2617.

[41] Hertzel, M, Smith R L. Market Discounts and Shareholder Gains for Placing Equity Privately [J]. The Journal of Finance, 1993 (2): 459 -485.

[42] Hertzel, M., J. S. Linck, and M. B. Wintoki. Institutional investors and the long-run performance of private placements [N]. Working Paper, Arizona State University, 2006.

[43] Hertzel, M., Lemmon, M., Linck, J. S., Rees, L. Long - Run Performance Following Private Placements of Equity [J]. The Journal of Finance, 2002 (6): 2595 -2617.

[44] Hertzel, Michael G., and Rees, L., Earnings and risk changes around private placements of equity [J]. Journal of Accounting, Auditing and Finance, 1998 (13): 21 -35.

[45] Hertzel, M and Smith, R. L. Market discounts and shareholder gains for placing equity privately [J]. Journal of finance, 1993, Vol. 48: 459 -485.

[46] Hoi C, Robin A. Agency Conflicts, Controlling Owner Proximity, and Firm Value: An Analysis of Dual - Class Firms in the United Statesv An International Review, 2010 (18): 124 -135.

[47] Holderness C G, Sheehan D P. The role of majority shareholdersin publicly held corporations: An exploratory analysis [J]. Journal of Financial Economics, 1988b (20): 317 -346.

[48] Jensen M C, Meckling W H. Theory of the firm: Managerial behavior, agency costs and ownership structure [J]. Journal of financial economics, 1976 (3): 305 -360.

[49] Jensen M, Meckling W. Theory of the Firm: Managerial Behavior, Agency Cost, and Ownership Structure [J]. Journal of Financial and Economics, 1976 (3): 305 -360.

[50] Johnson S, La Porta R, Lopez-de - Silanes F, Shleifer A. Tunnelling [J]. American Economic Review, 2000 (90): 22 -27.

[51] Kahle, K., Insider Trading and the Long - Run Performance of New Security Issues [J]. Journal of Corporate Finance, 2000 (6): 25 -54.

[52] Kalcheva I, Lins K. International evidence on cash holdings and expected managerial agency problems [J]. Review of Financial Studies. 2007 (20): 1087 - 1112.

[53] Kasim, L. A, Donald, J. T, The Wealth Effects of Private Stock Place-

mentsunder Regulation D, The finance review, 1993, Vol. 28 (3): 329 - 350.

[54] Kato K. Schallheim J. S. Private equity financing in Japan and corporate grouping [J]. Pacific - Basin Finance Journa, 1993 (11): 287 - 307.

[55] La porta Rafael, Lopez - De - Silance F., Shleifer Andrei and Robert Vishny, Investor Protection and Corporate Valuation [J]. Journal of Finance, 2002, Vo1. 52 (3): 1147 - 1170.

[56] La porta Rafael, Lopez - De - Silance F., Shleifer Andrei and Robert Vishny, Law and Finance [J]. Journal of Political Economy, 1998, Vo1. 106: 1113 - 1155.

[57] La porta Rafael, Lopez - De - Silance F., Shleifer Andrei and Robert Vishny, Legal Determinants of ExternalCapital [J]. Journal of Finance, 1997, Vo1. 52 (3): 1131 - 1150.

[58] Leland H. Pyle D. Information Asymmetries, Financial Structure, and Financial Intermediation [J]. Journal of Finance. 1977 (44): 371 - 388.

[59] Loughran T., Ritter J. R, The operating performance of firmconducting seasoned equity offerings [J]. Journal of Finance, 1997: 1825 - 1850.

[60] Maynes, Elizabeth, Pandes, J. Ari. The Wealth Effects of Reducing Private Placement Resale Restrictions, European Financial Management. 2011 (17): 500 - 531.

[61] Michael J. Barclay, Clifford G. Holderness, Dennis P. Sheehan, Private placements and managerial entrenchment [J]. Journal of Corporate Finance, 2007 (13): 461 - 484.

[62] Myers S. The capital structure puzzle [J]. Journal of Finance, 1984 (39): 575 - 592.

[63] Myers, S. C., Majluf N. S. Corporate financing and investment decisions when firms have information that investors do not have [J]. Journal of Financial Economics, 1984 (13): 187 - 221.

[64] Pagano M, Roell A. The choice of stock ownership structure: Agency costs, monitoring, and decision to go public [J]. Quarterly Journal of Economics, 1998 (113): 87 - 225.

[65] Pound, J. Proxy Contest and the Efficiency of Shareholder Oversight [J]. Journal of Financial Economics, 1988 (20): 237 - 265.

[66] Shleifer A, Wolfenzon D. Investor protection and equity markets [J]. Journal of Financial Economics, 2002 (66): 3 - 27.

[67] Shleifer, A. Vishny, R. Large Shareholders and Corporate Control [J].

Journal of Political Economy, 1996 (94): 448 -461.

[68] Shleifer, A. , Vishny, R. W. , Large shareholders and corporate control [J]. Journal of Political Economy, 1986 (94): 461 -488.

[69] Silber W L. Discounts on Restricted Stock: The Impact of Illiquidity on Stock Prices [J]. Financial Analysts Journal, 1991 (4) : 60 -64.

[70] Tai Ma, Ching Yi Yeh, Huei Yun Hsu, What Determines the Discount for Private Equity Offerings - Ownership or Control Right? [J]. International Research Journal of Finance and Economics ISSN Issue, 2010 (48): 1450 -2887.

[71] Tsangarakis N. Shareholder wealth effects of equity issues in emerging markets: Evidence from rights offerings in Greece [J]. Financial Management, 1996 (25): 21 -32.

[72] Wang Q, Wong T J, Xia L J. State Ownership, the Institutional Environment, and Auditor Choice: Evidence from China [J]. Journal of Accounting & Economics, 2008 (46): 112 -134.

[73] Wanli Li , Gang Jia , An Empirical Study on Market Reaction to Large Shareholder's Assets Injection through Private Equity Offerings. International Conference on Information Management [J]. Innovation Management and Industrial Engineering, 2009.

[74] Watkins A L, Hillison W, Morecroft S E. Audit Quality: A Synthesis of Theory and Empirical Evidence [J]. Journal of Accounting L iterature, 2004 (23): 153 - 193.

[75] Wolfenzon D. A Theory of pyramidal ownership [N]. Working paper, 1999.

[76] Wruck K H, Wu Y L. Relationships, corporate governance, and performance: Evidence from private placements of common stock [J]. Journal of Corporate Finance, 2009 (15): 30 -47.

[77] Wruck K. H. Equity Ownership Concentration and Firm Value: Evidence from Private Equity Financings [J]. Journal of Financial Economics, 1989 (25): 71 - 78.

[78] Wu X, Wang Z. Equity financing in a Myers - Majluf framework with private benefits of control [J]. Journal of Corporate Finance, 2005 (11): 915 -945.

[79] Y. -L. Cheung, P. R. Rau and A. Stouraitis, Tunneling, propping and expropriation: Evidence from connected party transactions in Hong Kong [J]. Journal of Financial Economics, 2006, 82 (2): 343 -386.

[80] Yohanes E. Riyanto and Linda A. Toolsema, Tunneling and propping: A

justification for pyramidal ownership [J]. Journal of Banking & Finance Volume 32, Issue10, October 2008: 2178 -2187.

[81] Yufang Zhao, Xinping Xia, Yixia Wang, Why Do Listed Companies Choose Private Equity Placements? -Empirical Evidence from Chinese Stock Market, Management and Service Science (MASS) [D]. International Conference, 2010.

[82] 陈工孟, 高宁. 中国股票一级市场长期投资回报的实证研究 [J]. 经济科学, 2000 (1): 29 -41.

[83] 陈小悦, 徐晓东. 股权结构, 企业绩效与投资者利益保护 [J]. 经济研究, 2001 (11): 3 -11.

[84] 陈小悦, 肖星, 过晓艳. 配股权与上市公司利润操纵 [J]. 经济研究, 2000 (1): 30 -36.

[85] 陈晓, 王琨. 关联交易, 公司治理与国有股改革——来自我国资本市场的实证证据 [J]. 经济研究, 2005 (4): 77 -86.

[86] 陈阳. 股改后定向增发超额收益率的实证分析 [J]. 财经界, 2007 (4): 296 -297.

[87] 陈政. 非公开发行折价、大小股东利益冲突与协同 [J]. 证券市场导报, 2008 (8): 28 -35.

[88] 邓路, 王化成, 李思飞. 上市公司定向增发长期市场表现: 过度乐观还是反应不足? [J]. 中国软科学, 2011 (6): 167 -177.

[89] 丁松良. 中国新股长期市场走势实证研究 [J]. 南开经济研究, 2003 (3): 55 -62.

[90] 杜佳琪. 我国上市公司再融资实证研究 [J]. 经济论坛, 2009 (9): 48 -50.

[91] 杜丽虹, 朱武祥. 增发市场反应研究及理论解释 [J]. 中国会计评论, 2004 (2): 273 -298.

[92] 高愈湘. 中国上市公司控制权市场研究 [M]. 北京: 中国经济出版社, 2004.

[93] 韩德宗, 李艳荣. 我国上市公司再融资顺序的实证研究 [J]. 财经论丛, 2003 (1): 13 -16.

[94] 何丽梅, 蔡宁. 我国上市公司定向增发长期股价效应的实证研究 [J]. 北京工商大学学报 (社会科学版), 2009 (6): 59 -66.

[95] 何丽梅. 我国上市公司定向增发折价研究——基于较完整市场周期的分析 [J]. 经济管理, 2010 (2): 144 -152.

[96] 何丽梅. 我国上市公司非公开发行深层动因实验研究 [J]. 山西财经大学学报, 2009 (11): 12 -14.

[97] 何贤杰，朱红军．利益输送、信息不对称与定向增发折价［J］．中国会计评论，2009 (3)：283 - 298.

[98] 胡乃武，阎衍，张海．增发融资的股价效应与市场前景［J］．金融研究，2002 (5)：32 - 38.

[99] 黄建欢，尹筑嘉．非公开发行、资产注入和股东利益均衡：理论与实证［J］．证券市场导报，2008 (5)：81 - 89.

[100] 黄建欢，尹筑嘉．解禁特征、市场环境与公司绩效：市场反应的影响因素研究［J］．当代经济科学，2009 (5)：81 - 89.

[101] 黄建中．从驰宏锌锗定向增发看监管透明度［J］．新财经，2007 (2)：74 - 76.

[102] 黄健中．上市公司非公开发行的定价基准日问题探讨［J］．证券监管，2007 (3)：35 - 41.

[103] 黄少安，张岗．中国上市公司股权融资偏好分析［J］．经济研究，2001 (11)：12 - 20.

[104] 黄新建，岳巧英．中国上市公司定向增发公告的信息含量研究［J］．重庆大学学报（社会科学版），2011 (1)：48 - 53.

[105] 姜来，罗党论，赖媚媚．掏空、支持与定向增发折价——来自我国上市公司的经验证据［J］．山西财经大学学报，2010 (4)：46 - 52.

[106] 李康，杨兴君，杨雄．配股和增发的相关者利益分析和政策研究［J］．经济研究，2003 (3)：79 - 92.

[107] 李悦，熊德华，张峥等．中国上市公司如何选择融资渠道［J］．金融研究，2008 (8)：25 - 31.

[108] 李蕴玮，宋军，吴冲锋．考虑市值权重的正长期业绩研究［J］．当代经济科学，2002 (6)：12 - 15.

[109] 李志文，姚正春，朴军．中国股市的 ROE 代表什么？［J］．中国会计评论，2007 (3)：305 - 314.

[110] 李子白，余鹏．A 股市场增发的股价反应及因素分析［J］．厦门大学学报（哲学社会科学版），2009 (1)：1 - 59.

[111] 栗煜霞，李宏贵．上市公司季度盈余信息含量的实证研究［J］．证券市场导报，2004 (8)：55 - 61.

[112] 林毅夫．李永军．中小金融机构发展与中小企业融资［J］．经济研究，2001 (1)：20 - 18.

[113] 刘成彦，陈炜．后股权分置时代上市公司大股东交易行为研究［J］．证券市场导报，2006 (10)：16 - 27.

[114] 刘海英，柯梅，周芳容．我国上市公司融资偏好多角度［J］．财会通

讯（综合版），2004（16）：26－29.

［115］刘力，李文德．中国股票市场股票首次发行长期绩效研究［J］．经济科学，2001（6）：33－44.

［116］刘力，王汀汀，王震．中国A股上市公司增发公告的负价格效应及其二元股权结构解释［J］．金融研究，2003（8）：60－71.

［117］卢闯，李志华．投资者情绪对定向增发折价的影响研究［J］．中国软科学，2011（7）：155－164.

［118］陆正飞，叶康涛．中国上市公司股权融资偏好解析［J］．经济研究，2004（4）：50－60.

［119］马德芳．定向增发之制度困境［J］．中国证券期货，2011（7）：13－14.

［120］牟晖，韩立岩，谢朵，陈之安．中国资本市场融资顺序新证：可转债发行公告效应研究［J］．管理世界，2006（4）：19－27.

［121］彭韶兵，赵根．定向增发股票的公告效应：资产流动性需要和股权集中度稀释［J］．财政研究，2009（7）：78－81.

［122］沈艺峰，肖眠．证券市场对上市公司配股行为反应的实证检验［J］．证券市场导报，2001（3）：26－29.

［123］唐清泉，罗党．论现金股利与控股股东的利益输送行为研究——来自中国上市公司的经验证据［J］．财贸研究，2006（1）：17－23.

［124］唐雪松，周晓苏，马如静．上市公司过度投资行为及其制约机制的实证研究［J］．会计研究，2007（7）：44－52.

［125］唐宗明，蒋位．中国上市公司大股东侵害度实证分析［J］．经济研究，2002（4）：44－50.

［126］田艺，王蕴钰，杨伟聪．定向增发创造投资新机遇［J］．证券导刊，2006（16）：35－37.

［127］汪宜霞，夏思慧，王玉东．利益输送与定向增发价格折扣［J］．武汉理工大学学报（信息与管理工程版），2009（6）：1011－1014

［128］王家新，刘曦．中国股市增发公告的股价效应分析［J］．统计研究，2008（4）：61－65.

［129］王晋斌．新股申购预期超额报酬率的测度及其可能原因的解释［J］．经济研究，1997（12）：65－78.

［130］王磊彬．多次融资、长期市场反应与公司特征［D］．西南财经大学，2010年博士论文．

［131］王莉婕，马妍妍．上市公司定向增发的财务效应研究［J］经济问题，2014（6）：117－120.

[132] 王美今，张松．中国新股弱势问题研究［J］．经济研究，2000（9）：49－56.

[133] 王亚平，杨云红，毛小元．上市公司选择股票增发的时间吗？［J］．金融研究，2006（12）：103.

[134] 王志彬，周子剑．定向增发新股整体上市与上市公司短期股票价格的实证研究［J］．管理世界，2008（12）：182－183.

[135] 王志强，张玮婷，林丽芳．上市公司定向增发中的利益输送行为研究［J］．南开管理评论，2010（3）：109－116.

[136] 魏立江，纳超洪．定向增发预案公告市场反应及其影响因素研究——基于深圳证券交易所上市公司数据的分析［J］．审计与经济研究，2008（5）：86－93.

[137] 吴辉．上市公司定向增发的利益输送研究［J］．北京工商大学学报（社会科学版），2009（2）：35－39.

[138] 谢赤，欧辉生，周竟东．基于企业价值与发行特征的定向增发定价效率研究［J］．湘潭大学学报：哲学社会科学版，2010（3）：59－63.

[139] 徐斌，俞静．究竟是大股东利益输送抑或投资者乐观情绪推高了定向增发折扣［J］．财贸经济，2010（4）：40－46.

[140] 徐浩萍．二元股权结构下股权再融资的价值效应［J］．中国会计评论，2005（2）：329－342.

[141] 徐浩萍．二元股权结构下股权再融资的价值效应［J］．中国会计评论，2005（2）：329－342.

[142] 徐寿福．大股东认购与定向增发折价——来自中国市场的证据［J］．经济管理，2009（9）：129－135.

[143] 徐寿福．上市公司定向增发公告效应及其影响因素研究［J］．证券市场导报，2010（5）：65－72.

[144] 许伟河．基于市场反应、内幕交易、流通股结构的股权分置改革实证研究［J］．对外经济贸易大学，2007年博士论文．

[145] 阎达五，耿建新，刘文鹏．中国上市公司配股融资行为的实证研究［J］．会计研究，2001（9）：21－27.

[146] 杨丹，林茂．我国IPO长期市场表现的实证研究［J］．会计研究，2006（11）：61－68.

[147] 杨靖．定向增发中的控股股东行为研究［D］．清华大学，2010年博士论文．

[148] 尹筑嘉，黄建欢，文凤华．资产注入、流动性溢价与市场环境［J］．系统工程，2009（1）：69－70.

[149] 尹筑嘉，文凤华，杨晓光．上市公司非公开发行资产注入行为的股东利益研究 [J]．管理评论，2010 (7)：17－26.

[150] 俞静，徐斌．发行对象、市场行情与定向增发折扣 [J]．中国会计评论，2009 (4)：419－429.

[151] 原红旗．股权再融资之"谜"及其理论解释 [J]．会计研究，2003a (5)：16－21.

[152] 原红旗．上市公司配股的长期业绩 [J]．中国会计与财务研究评论，2003b (3)：103－144.

[153] 张力上，黄冕．我国A股市场定向增发定价的实证研究 [J]．财经科学，2009 (5)：34－41.

[154] 张鸣，郭思永．大股东控制下的定向增发和财富转移——来自中国上市公司的经验证据 [J]．会计研究，2009 (5)：78－87.

[155] 张亦春，蔡庆丰．西方私人权益资本市场的发展及其对我国的启示 [J]．国际金融研究，2004 (8)：38－43.

[156] 张宗新，沈正阳．基于数据挖掘的内幕操纵行为甄别研究 [J]．管理工程学报，2008 (2)：102－106.

[157] 章卫东，赵安琪．定向增发新股长期股东财富效应的实证研究——来自中国上市公司定向增发新股的经验证据 [J]．上海经济研究，2012 (1).

[158] 章卫东，李德忠．定向增发新股折扣率的影响因素及其与公司短期股价关系的实证研究——来自中国上市公司的经验证据 [J]．会计研究，2008 (9)：73－81.

[159] 章卫东，李海川．定向增发新股、资产注入类型与上市公司绩效的关系——来自中国证券市场的经验证据 [J]．会计研究，2010 (3)：58－65.

[160] 章卫东，王永海．上市公司私募发行新股融资研究述评 [J]．经济学动态，2008 (7)：76－79.

[161] 章卫东，周伟武．上市公司定向增发新股融资与可转换债券融资比较研究 [J]．经济评论，2010 (1)：89－96.

[162] 章卫东，邹斌，廖义刚．定向增发股份解锁后机构投资者减持行为与盈余管理——来自我国上市公司定向增发新股解锁的经验数据 [J]．会计研究，2011 (12)：63－69

[163] 章卫东．定向增发新股、整体上市与股票价格短期市场表现的实证研究 [J]．会计研究，2007 (12)：63－68.

[164] 章卫东．定向增发新股、投资者类别与公司股价短期表现的实证研究 [J]．管理世界，2008 (4)：179－180.

[165] 章卫东．上市公司股权再融资方式选择：配股、公开增发新股、定向

增发新股？[J]．经济评论，2008（6）：71－81．

[166] 赵根．我国上市公司定向增发定价偏好及经济后果研究 [D]．西南财经大学，2009年博士论文．

[167] 赵洪江，尹宇明．公司治理、负隧道效应与控股股东股权流动性 [J]．软科学，2008（6）：27－31．

[168] 郑江淮，何旭强，王华．上市公司投资的融资约束：从股权结构角度的实证分析 [J]．金融研究，2001（11）：92－99．

[169] 郑琦．定向增发对象对发行定价影响的实证研究 [J]．证券市场导报，2008（4）：18－21．

[170] 朱红军，何贤杰，陈信元．定向增发“盛宴”背后的利益输送：现象、理论根源与制度成因——基于驰宏锌锗的案例研究 [J]．管理世界，2008（6）：65－71．

后　记

本书是作者在博士论文基础上整理出版的，从论文开始撰写到完稿，从答辩通过到进入对外经贸大学商学院博士后流动站，几个春秋转瞬即逝。读博期间，作者专注于资本市场再融资、定向增发交易定价研究，博士后期间又结合资本市场的新形势对定向增发进行了更为深入细致的研究。如今当本书作为作者博士后期间的主要研究成果接近面世时，对多年来给予我许多帮助和鼓励的诸位师长除了深深的感恩，还愧疚不已。想表达的太多，怎奈才疏学浅能付诸笔端的却太少！

感谢我的博士后导师叶陈刚教授，有幸成为叶老师的学生，跟随老师从事博士后研究工作，让我对科研和教学工作有了更深切的感性认识。在您的引领下，我走进高校课堂，领略您在讲台上的风采；与同学们切磋交流，教学相长，体验为人师的喜悦与艰辛。正所谓桃里不言，下自成蹊。您学识渊博、谦和、从容，常让学生心生敬意，借此机会向您表达我深深的谢意。

感谢对外经济贸易大学给我提供了如此良好的科研环境，让我的博士后研究工作得以顺利开展。一流的教研团队，多元化国际化的科研氛围，不仅开拓了研究视野，还让我的博士后研究工作有了新的思路。感谢国际商学院的专家与学者们的耐心指导与启迪，受益匪浅。感谢同门师兄妹们的鼎力相助，许多次遇到困难，都是你们如及时雨般出现为我解围，在此一并谢过。

新书出版之即，捧起书稿，浮现在脑海的除了那些挑灯夜战的日子，还有与这段难忘岁月有关的人与事，那些深深地烙印在心里的往昔。走过了止步不前、挣扎与迷茫，当我再次站在人生的十字路口，虽对未知依然会困惑，但因为曾经如此幸运能够遇到你们，因为那段熠熠发光的岁月，心中更多的是感恩与勇气。

感谢我的恩师孟焰教授。孟老师治学严谨、睿智宽容、乐观豁达，对科研孜孜以求，是学生学习的榜样。感谢孟老师对我的指导和帮助，我的博士论文从选题、框架、方案选择、实际撰写，孟老师都给我提出了大量的宝贵意见和建议，论文得以完成，老师付出了太多的心血。

感谢我的恩师谢志华教授，此生能有缘拜您门下，成为您的学生是无比幸运的事！但学生不才，难学老师万分之一，每每想起惭愧不已。老师不仅学术上的造诣让人惊叹，生活中同样为我们做出了榜样，感动着我们，您的言行时时提醒着我们要做更好的自己。

感谢中央财经大学给予我这样一个难得的学习机会，使我再次接受了人生的洗礼；感谢会计学院，为我提供一个自由、开放的学术氛围，让我可以毫无顾忌地汲取知识的力量；感谢王君彩教授、刘红霞教授、祁怀锦教授、王瑞华教授、鲁桂华教授、李晓慧教授、潘秀丽教授、周宏教授、余应敏教授、吴溪教授、袁淳教授、李玲教授等，正是他们耐心细致的指导，才使得我的研究能够顺利完成。感谢北京工商大学的科研团队给予我参与投资者保护项目的机会，在实践中锻炼了自己，积累了项目经验，同时要特别感谢崔学刚教授在选题上曾给予的启迪与支持，感谢张宏亮副教授在做项目过程中对我的信任与引导，获益匪浅。

感谢我的博士同门粟立钟、陶玉侠、邵东伟、杨思静、李志辉、张舒翼、王建军、敖小波，能和你们在一起成为老师的学生，是今生无比幸运的事。思静，还记得我们第一次畅聊的情景吗？只记得那天你憧憬的眼神是那么闪亮，如今那日许多的设想都已成为现实，感谢闪亮的抑或暗淡的时光里你默默陪着我，像暗夜里的光，温暖而有力量；还有陶姐姐，你总是能时时早、事事早，让人钦佩；感谢我的室友晓惠，总觉得我们就是失散多年的姐妹，如此的相似与契合，有你的陪伴，多了太多温馨的回忆；感谢我的同窗李慧、牛晓叶、崔婧、吴作凤、孔晓春、陈旭霞、余德慧、王铁媛、王雨桐、王海滨、王震、徐洪波、黄有为、刘小川，和你们在一起再苦的日子也不孤单。豁达的李慧、永远都积极进取的小叶和崔婧，自相逢就总希望自己也能像你们一样更好些，不论在哪里我们都是永远的好朋友；感谢我的左邻右舍小轲和高骊，一起畅聊的时光总觉得是那么短暂；感谢我的老同学们，开心不开心的日子总有你们在身旁，特别要感谢老贾同学，坦然接受了你那么多帮助却从不言谢，谢谢你款待的那些美食，多到数不清却忘不掉；还要感谢我的那些妈妈朋友们，因为孩子与你们相识、因为理念相同与你们相知，一起陪孩子们渡过了许多快乐的时光，谢谢你们在我外出求学的那些日子帮我留意着孩子的许多点滴。

感谢我的婆婆、我的父母，没有你们的理解与付出，我不可能有再次走进校园的机会。把最真挚的感谢献给我的爱人白晓光，我的宝贝丁丁。因为我的求学，小丁丁承受了太多的相思之苦，丁丁爸也承担了太多本应由我来完成的事。你们无言的支持我将铭记在心，用今后的日子来好好的回报我爱的、爱我的人！

王莉婕

2017年6月于对外经济贸易大学